KB204145

C. S. 루이스의 인생 책방

일러두기

본문에 인용한 성경은 개역개정판을 따랐다.
일부 꼭지는 처음 글을 썼을 때의 시제를 그대로 살려 두었다.

C. S. 루이스의 인생 책방

홍종락

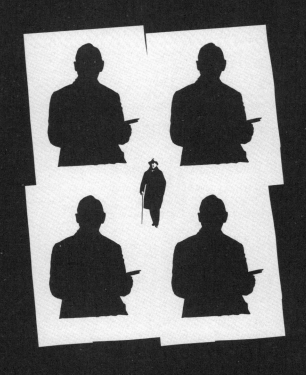

비아
토르
viator

3부 루이스 저작을 활용한 독서 모임 가이드

부록

긴 초대장의
서문

대학 2학년, 같이 살던 선배의 책장에 꽂힌《스크루테이프의 편지》를 읽고 매료된 후, C. S. 루이스의 책을 즐겨 읽고 나누다가 마침내 번역에 뜻을 두게 되었다. 이십 년 가까이 한 해에 한두 권 정도 루이스의 저서 또는 루이스 관련 도서를 꾸준히 번역했다.

　루이스는 어릴 때 부모에게서 배운 기독교 신앙을 청소년기에 버렸다가 성인이 되어 다시 기독교 신자가 된 사람이다. 그 과정에서 그가 깊이 연구했던 철학과 그리스 로마의 고전, 그리고 영문학 연구는 큰 역할을 담당했다. 그러니까 그는 기독교의 내용을 비기독교인도 이해할 수 있는 언어로 전달할 수 있는 준비와 훈련이 된 사람이다. 나는 기독교를 믿든 믿지 않든, 기독교의 진짜 메시지를 아는 것이 중요하다고 생각한다. 자기가 무엇을 믿는지도 모르고 믿는 것이 희극이라면, 자기가 무엇을 믿지 않는지도 모르고 믿지 않는 것은 비극일 수 있다.

루이스는 이야기 속에 논리와 상상력, 이성과 추론을 이미지와 함께 풀어낸다. 종교와 판타지를 말하지만, 공허한 이야기가 아니라 일상적인 논리들이 삶에 닿아 있는 것이 특징이다. 그의 글을 통해 우리가 사는 세상, 우리의 생각과 동기, 전제를 돌아볼 수 있다. 그의 글은 상상력과 이성이 조화롭게 펼쳐지는 전범 같은 글을 보여 주기에 매력적이다. 그래서 〈나니아 연대기〉를 해설한 책《나니아 나라를 찾아서》와 루이스 번역가로서 루이스를 소개한 에세이집《오리지널 에필로그》를 쓰기도 했다.

《오리지널 에필로그》(2019년)를 내고 마지막으로 번역한 루이스 책《현안: 시대 논평》이 나오면서 루이스와 저자로서 맺은 인연, 그리고 번역자로서 맺어 온 오랜 인연은 마무리되나 싶었다.《오독》과《폐기된 이미지》출간에 힘을 보탰던 경험을 바탕으로, 몇 군데 출판사에 루이스의 나머지 미출간 도서 목록도 제시하고 간략한 소개도 해 봤지만 아직까지 출간으로 이어지지 않았다. 남아 있는 루이스의 책은 주로 시집과 영어 영문학 연구서다. *Allegory of Love*(사랑의 알레고리), *English Literature in the Sixteenth Century*(16세기 영문학사), *Studies in Words*(단어 연구), *Poems*(루이스 시 선집), *Narrative Poems*(루이스 이야기시 선집) 같은 그의 시집과 루이스가 스펜서의《선녀여왕》으로 강의했던 노트를 기반으로 다른 연구자가 집필한 *Spencer's Images of*

Life, 문학 관련 에세이집(*Selected Literary Essays; Studies in Medieval and Renaissance Literature; Image and Imagination*)은 관심 갖는 출판사도 없었고 설령 그런 출판사가 나타난다 해도 내가 감당할 몫은 아닌 것이 분명했다.

저자로서 루이스의 책을 또 내게 될 거라고 생각하기는 어려웠다. 일단 내가 루이스에 대해 할 말은 웬만큼 한 것 같았다. 루이스는 내게 아직도 캐낼 것이 가득한 금광과도 같지만, 내가 금광을 캘 장비와 시간이 있는지는 또 다른 문제였다. 그즈음 기윤실(기독교윤리실천운동) 〈좋은나무〉에 문학 읽기 연재를 시작했다. 〈좋은나무〉에서는 루이스를 다루어도 좋다고 했지만, 〈개혁신앙〉에 루이스 연재가 이어지는 상황에서 같은 주제로 겹치기 연재를 하고 싶지는 않았다. 루이스를 다룬 글쓰기는 마무리할 때가 된 것 같았고, 〈개혁신앙〉 연재를 언제 그만두어야 할지 고민하기 시작했다.

하지만 연재를 그만둔다고 말할 타이밍을 거듭 놓쳤고, 그 와중에 어찌어찌 글감이 떠오르거나 루이스를 다루는 글과 강연을 할 기회가 드문드문 주어졌으며, 그 결과물이 또다시 〈개혁신앙〉 연재가 되는 선(악?)순환이 꾸역꾸역 이어졌다. CGN TV에서 루이스의 작품들을 소개하는 방송의 자문도 했고, 루이스 전기 영화의 자막 번역을 맡기도 했다. 루이스와의 인연의 줄은 생각보다 쉽게 끊어지지 않았다.

그 무렵 루이스의 독서론을 다룬 글을 실은 것이 인연이 되어 4회에 걸쳐 〈목회와신학〉에 루이스를 소개하는 글을 썼다.

비아토르의 김도완 대표님이 그 글을 보자고 청하셨지만, 루이스를 다룬 전작 《오리지널 에필로그》의 내용을 대부분 가져온 원고였던지라 차마 보낼 수는 없었다. 하지만 대표님의 그 요청은 《오리지널 에필로그》가 나온 이후에 여기저기서 발표하고 〈개혁신앙〉에 실은 열네 편의 루이스 관련 원고에 대표님이 관심을 가질지도 모르겠다고 생각하는 계기가 되었다.

루이스와 관련해서 나는 '성공한 덕후'라고 할 수 있다. 그의 책을 즐겨 읽던 독자에 머물지 않고 그의 여러 책을 번역할 기회도 가졌고, 그에 대해 글을 쓰고 발표할 수 있었고, 그 글들을 모아 이제 루이스 관련 저서를 두 권째 출간하게 되었으니 말이다. 부족한 사람에게 여러 기회를 주신 분들에게 감사할 뿐이다.

여기 글들은 전부 〈개혁신앙〉에 실었던 글이다. 〈개혁신앙〉 연재만 의식하고 쓴 글이 있는가 하면, 다른 계기로 쓴 원고를 다시 〈개혁신앙〉에 실은 경우도 있다. 1부의 '예기치 못한 조이'와 2부의 《순례자의 귀향》을 다룬 글은 루이스 컨퍼런스에서 발표했던 글이다. 2부에서 《천국과 지옥의 이혼》, 《그 가공할 힘》은 기윤실 〈좋은나무〉에도 실렸었다. 《이야기에 관하여》와 《폐기된 이미지》에 대한 글은 루이스의 두 책을 옮기고 쓴 역자 후기다. 전자는 루이스의 책 《스크루테이프의 편지》의 문체를 빌려서 썼는데, 스타일이 주는 재미와 힘을 맛보는 즐거운 경험이었다. 3부의 독서(모임) 가이드는 루이스 독서 모임을 준비할 때 만들었던 자료다. 루이스의 책을 혼자 읽을 때든 독서 모임을 진행할 때든 참고하시면 좋을 것 같다.

　책을 출간하는 것은 늘 벅차고 기쁜 일이자 두려운 일이기도 하다. 책을 내는 것은 주워 담을 수 없는 수많은 말을 하는 일이기 때문이다. 이 부분을 생각하면 루이스가 《시편 사색》의 '들어가는 말'에서 했던 말을 떠올리게 된다. "이 책은 아마추어로서 시편을 읽으며 경험했던 여러 어려움과 깨달음을 다른 아마추어 독자들과 나누고 싶은 마음으로, 저처럼 비전문가 독자들에게 흥미와 유익을 주고 싶은 마음으로 썼습니다. 따라서 저는 같은 학생으로서 '의견 교환'을 하려는 것이지 선생으로서 강의를 하려는 것이 아닙니다." 루이스는 한껏 자신을 낮추어 한 말이지만, 나는 이 말이야말로 이 책에 어울리는 소개라고 생각한다. 루이스와 그가 대변하려고 했던 기독교 신앙의 아름다움을 더 풍성하게 함께 이야기해 보자는 긴 초대장으로서 이 책을 읽어 주시면 감사하겠다.

　루이스 덕분에 내 생각과 눈이 넓어지고 깊어졌을 뿐 아니라 그가 아니었다면 만날 일이 없었을 많은 이들과 교제할 수 있었다. 이 책은 그 많은 만남과 교제의 결과물이기도 하다. 〈개혁신앙〉으로 루이스를 다룰 지면을 허락해 준 정병오 선배님, 이 책의 원고를 흔쾌히 받아 주신 김도완 대표님께 특히 감사하고 싶다. 애정을 가득 담아 편집을 맡아 준 한수경 선생님에 대한 고마움도 빠뜨릴 수 없다.

　책에 실린 사진 이야기는 따로 언급해야 할 것 같다. 최근에 루이스 투어를 다녀온 정인영 선생님의 적극적인 지원 덕분에 사진이 듬뿍 실린 책을 구상할 수 있었다. 정 선생님은 프레드 홈즈 씨의 사진도 전달해 주었다. 박사 공부 와중에 짬을 내어 케임브리지 사진들을 찍어 준 김재완 선생님, 다른 업무로 런던에 갔다가 짧은 여유 시간을 통째로 루이스의 행적을 찍는 데 할애해 준 김현일 목사님, 소장 중인 귀한 사진을 제공한 박성일 목사님에게도 감사를 전한다. 책이란 게 원래 많은 이들의 협업으로 만들어지는 작품이지만, 이분들 덕분에 이 책은 우정의 사람 루이스를 다룬 책에 어울리는 우정과 협력의 흔적이 가득하게 되었다.

본문에 여러 번 등장하는 내 아버지는 2021년에 돌아가셨다. 글만 보면 혹시 아버지에 대한 마음이 각별한 효자라도 되는 것처럼 비칠까 봐 민망하다. 어떤 소재든 글로 풀어내면 작가를 실제보다 좀 더 그럴싸해 보이게 만드는 면이 있는 것 같다. 그것이 피할 수 없는 일인지 내 부족함 탓인지는 글을 좀 더 써 봐야 알 것 같다. 조심스럽고도 감사한 마음으로, 돌아가신 아버지와 어머니에게 이 책을 바친다.

홍종락

1부

관계에

대하여

1

친구를
보내고

황망한 마음으로 달려간 장례식장에는 지인들이 많이 와 있었
다. 많은 이들이 눈이 벌겋게 부어 있었다. 충격과 슬픔. 그의
죽음은 도둑처럼 우리를 덮쳤다.

　Y 목사님이 위로 예배를 마치신 후에 SFC 동문 중에서 D를
추억하며 할 말이 있는 사람은 하라고 하셨다. 아무도 나서지
않자 J 선배가 동기인 내게 한마디 하라고 권했다. 그러나 나는
할 말이 준비되어 있지 않았다. 그런데 집으로 돌아오는 내내
아무 말도 하지 않고 친구를 그냥 보낼 수는 없다는 생각이 자
꾸만 들었다. 이 글은 D를 추억하는 말을 하라는 J 형의 권고에
대한 응답이 되겠다.

나의 친구 D

D는 말 그대로 남자답고 씩씩한 친구였기에 나보다 친한 친구들이 많았을 것이다. 하지만 같이 보낸 시간만 계산하면 나도 누구 못지않을 거라는 생각이 든다. 몇 년을 한 집에서 살았기 때문이다.

부푼 꿈을 안고 대학 진학 차 상경한 우리는 교회 대학부와 대학 SFC에서 만나 같이 활동했다. 대학에서 심리학 수업, 헤겔 철학, 손봉호 교수님 수업을 같이 들었던 기억도 난다. 여름 방학 때 봉사하러 갔던 시골 교회의 건축 현장에서 D는 탁월한 체력과 노가다 솜씨를 과시하며 '터미네이터'라는 별명을 얻었다. 그리고 내가 평생 딱 한 번 해본 소개팅을 주선해 준 사람도 D였다.

D는 포천 특수부대에서 군 생활을 했는데, 교회 선배와 같이 면회를 한 번 갔었다. 평소에 워낙 억세고 각이 나오는 외모였기에 군인의 모습이 전혀 어색하지 않았다. 교회 학사에서 한동안 같이 살기도 했다. D가 신대원에 들어갔을 때, 미혼 전도사들을 위해 교회에서 마련해 준 숙소가 있었는데, 졸업하고 딱히 기거할 데가 없던 나는 교회의 배려로 그곳에 머물렀다. 2년 가까이 말하자면 우리는 '주말 부부' 생활을 했다. 주중에 D는 학교로 내려가 공부하고 나는 혼자 지내며 이런저런 일을 했다. 그러다 주말이 되면 다시 같이 있었다.

신대원에 들어간 D가 중등부 담당 교역자가 되었을 때 나는 중등부 총무를 했다. 간결하면서도 핵심을 찌르는 열정적인 설교가 기억에 남는다. D는 다들 인정하고 모두가 기대하던 촉망받는 신학생이었다. 그의 확신과 열정이 늘 부러웠다. 항상 주저하고 회의하고 뒷걸음질 치던 내게 D는 자신감 있고 적극적인 신앙인의 모습이 무엇인지 보여 주는 에너자이저 같은 친구였다.

그러다가 D는 Y교회로 사역지를 옮겼고, 그곳에서도 열정적으로 사역하며 기대를 한 몸에 받았다. 지적인 면이 강한 그 교회에서 열정의 바람을 불러일으킨다는 소문도 들었다. 역시 D답다고 생각하며 웃었던 기억이 난다. 그런데 그의 건강에 문제가 생겼다. 교회 사역도 그만두었다고 했다.

금세 회복할 줄 알았다. 그렇게 건강하던 친구였으니. 믿음도 좋고 그토록 준비가 잘된 친구가 할 일은 또 얼마나 많을 텐가. 그대로 두면 하나님이 손해일 거라고 생각했다. 그러나 회복은 뜻밖에도 더뎠다.

그 무렵 나는 D와 공동 프로젝트를 계획했다. SFC 후배 J를 불러들여 기획한 《나니아 나라를 찾아서》가 책으로 나온 지 얼마 후, 글만 쓰면 책이 나오는 줄 자신감에 차 있던 나는 D에게 연락해서 같이 책을 쓰자고 했다. 자신 없어 하는 D에게 내가 책임질 테니 걱정 말라고 큰소리쳤다. 1년 가까이 한 달에 한 번 정도 만났다. 중등부 교역자와 총무 교사로서 함께했던 시절을 떠올리며 청소년 신앙 특강을 쓰기로 한 것이다. 뛰어난 신학생으로 촉망받던 D가 저술의 길로 들어설 수도 있겠구나 하는 기대도 내심 있었다. 나는 자신 있었고 D는 성실히 참여했지만,

원고가 책으로 출간되지는 못했다. 나의 부족함 탓인 것 같아 D에게 미안함이 컸지만, 한동안 D를 꾸준히 만날 수 있었던 것이 좋았다. 아쉬움과 함께 내 마음에 좋은 추억으로 남아 있다.

D가 교부 신학 공부를 준비하면서 개신교 측의 약한 고리인 그 부분의 전문 번역가로 나서겠다는 포부를 이야기했을 때, 어쩌면 그게 하나님이 D를 부르시는 길일 수도 있겠다고 생각했다. D는 장신대에서 뜻이 맞는 좋은 교수님을 알게 되었고, 거기서 자리를 잡고 좋은 석사 논문을 썼다. 뛰어난 논문이라는 말을 들었고, 더디지만 한 걸음씩 그렇게 나아가다 보면 뭔가 길이 보이지 않겠는가, 하는 생각을 했다. 그 정도 생각을 하고 가끔 소식을 듣거나 만나면 반가워하면서 그렇게 시간은 흘러갔다.

오랜만에 K가 전화를 했다. 유쾌한 친구에게서 처음 듣는 건조한 목소리. 뭔가 일이 터졌구나, 직감할 수 있었다. 그러나 그다음에 나온 소식은 정말 뜻밖이었다.

"오늘 아침에 D가 죽었다."

그 말을 듣고 잠시 멍해졌다.

D가 병에 걸려 고생하기 시작하면서부터 나는 안타까워하면서도 다른 한편으로는 늘 '뭔가 뜻이 있겠지', '다른 부분으로 크게 쓰시려나 보지', '얼마나 크게 쓰시려고 이렇게 고난을 허락하시나' 이런 식으로 생각이 돌아갔다. 한 손으로 가져가시고 다른 손으로 주시는 분이 하나님이라고 하지 않나. 문을 닫으시

면 다른 문을 여시는 분이라 하지 않던가.

그런데 문이 닫혔다. 영원히. 달리 열릴 문은 없었다. 그것이 전부였다. 그가 보여 준 역량과 많은 잠재력과 그에게 품었던 많은 이들의 기대도 그대로 꺾여 버렸다. 그렇게 D는 갔다.

루이스의 친구 C

C. S. 루이스는 친구 좋아하는 사람이었다. 친구들과 어울려 술 한잔하면서 문학을 이야기하고 신앙을 이야기했다. 특히 '잉클링즈Inklings'라는 문학 클럽에서 친구들과 문학적 영감과 격려, 비판을 주고받았다. 그의 친구 중에서 가장 유명한 사람은 J. R. R. 톨킨이었다. 톨킨은 루이스의 회심에도 큰 영향을 주었고, 작품의 소재와 기법, 문학관에도 많은 영향력을 끼쳤다. 그에 반해 루이스가 톨킨에게 준 것은 그런 류의 '영향'이 아니었다. 루이스가 톨킨에게 준 것은 달랐다. 톨킨은 루이스가 죽은 지 2년 후에 쓴 편지에서 이렇게 말했다. "나는 그에게 갚을 길 없는 큰 빚을 졌습니다. 그것은 흔히 말하는 '영향'이 아니라 아낌없는 격려였습니다. 오랫동안 그는 나의 유일한 청중이었지요. 내 '글'이 개인적 취미 이상의 작품이 될 수 있다고 생각하게 된 것은 오로지 루이스 덕분이었습니다. 그의 끊임없는 관심과 다음 이야기를 들려 달라는 재촉이 없었더라면, 나는 결코 《반지의 제왕》을 끝마치지 못했을 것입니다……."[1]

내가 D에게 어떤 친구였는지는 모르겠지만, 나에게 D는 신앙인의 한 좌표였다. 특정한 색깔과 모양을 가지고 선명하게 걸어가는 신앙인의 한 가지 모델이었다. 나와 다르지만, 내가 따라갈 리도 그럴 수도 없을 것 같았지만 그렇기에 더욱 매력적이고 소중한 모습. 그 친구를 통해서만 드러나고 함께할 수 있었던 신앙과 생활의 독특한 프리즘.

루이스의 또 다른 유명한 친구가 찰스 윌리엄스였다. 루이스는 작가이자 사상가인 윌리엄스에게 말 그대로 폭 빠져서 그의 작품과 세계관에 많은 영향을 받았다. 그런데 2차 세계대전이 끝난 며칠 후, 윌리엄스는 몸이 아파 요양원에 입원했다. 루이스는 회복 중인 윌리엄스를 병문안했다가 잉클링즈 모임에 참석할 생각이었는데, 요양원에서 윌리엄스가 죽었다는 소식을 들었다. 뜻밖의 충격적인 소식이었다. 나중에 루이스는 윌리엄스를 기억하며 시를 썼다.

찰스 윌리엄스에게
- C. S. 루이스

친구, 자네의 죽음으로 이상한 집합 나팔이 울렸네.
이제 아무것도 잘 안 보이고
제대로 기록하기도 어려워. 새로운 빛이 변화를 강요하고
하늘에서 탐침을 쏘아 내려 삶의 전경을 다 바꿔 놓아
그늘이 만들어지고, 물이 드러나고, 산이 우뚝 솟고 협곡이
깊어졌어.
경사가 달라졌군. 이전 경치의 윤곽은 보이지 않아.

내가 한때 생각했던 것보다

세상은 더 큰 곳이야.

산등성이에 불어오는 으스스한 바람에 움찔 놀라게 되네.

이건 큰 겨울, 쇠퇴하는 세상의 첫 번째 찬바람일까?

아니면 봄의 찬 기운일까?

어려운 질문이야. 밤새 이야기를 나눌 만한 주제지.

하지만 누구와 그런단 말인가?

이제 난 누구에게 조언을 구할 수 있겠나? 자네의 죽음에 대해

어느 친구와 제대로 생각을 나눌 수 있겠나?

오, 자네가 말 상대가 아니라면.[2]

　더 많은 것을 이룰 수 있었을 유능하고 신실한 친구를 덧없이 보내고 루이스는 말한다. 윌리엄스가 죽고 나니까 세상이 다른 곳이 되었다고. 자기가 알던 것보다 세상은 더 큰 곳이었다고. 세상을 좀 안다고 생각했는데 그렇지가 않았다고. 세상의 경치가 다 달라 보인다고. 으스스한 바람이 부는 산등성이에 올라선 것 같다고.

　D에 대해 내가 기대했던 모든 하나님의 '다른 뜻', '다른 계획', '다른 문'에 대한 생각은 다 틀린 것으로 드러났다. 그런 것은 없었다. 이건 내가 생각지도 못한 결말이었다. 내가 아는 그런 식의 계산이 하나도 들어맞지 않을 때, 세상이 내가 알던 것보다 큰 곳임을 알게 될 때, 나는 다시 기로에 선다.

© 정인영

아서왕의 돌

루이스와 찰스 윌리엄스 모두 아서왕 전설의 열렬한 팬이었다. 루이스는 뜻밖의 죽음을 맞이한 윌리엄스를 기념하여 두 권의 책을 낸다. 하나는 윌리엄스가 남긴 아서왕 관련 작품들을 모으고 아서왕 전설을 다룬 루이스 본인의 강좌를 묶어 낸《아서왕의 토르소》였다. 또 한 권은 전쟁으로 옥스퍼드에 와 있다가 종전으로 런던에 돌아가게 된 윌리엄스를 아쉬워하며 기획했다가, 윌리엄스의 급사로 특별한 의미에서 그를 기리게 된《찰스 윌리엄스 헌정 에세이집》이었다. 사진은 아서왕의 전설과 관련된 유적 중 하나인 '아서왕의 돌'.

하나님이 인도하시고 공급하신다고 배웠는데, 그렇게 믿고 살아왔는데. 그의 나라와 그의 의를 구하면 너희 모든 쓸 것을 채우시리라 하신 하나님을 믿고 주춤주춤 따라왔는데, 저 앞에서 그분을 믿고 당당히 걸어가던 친구가 그렇게 쓰러지고 나니 멈칫 서게 된다.

서러워진다. 하나님을 믿고 의지했는데, 하나님 외에 바라볼 곳도 딱히 없는데. 이렇게 되면 하나님이 선하고 자비로운 분이라고 어찌 신뢰할 수 있겠는가? 그저 달리 갈 데가 없어서 남아 있을 수는 없지 않느냐고, 같이 사는 사람이 내게 물었다. 어떻게 생각하느냐고.

만 가지 이유 중 하나

욥의 이야기로 답변을 시작해 보자. 욥기가 말하는 내용이 무엇인가? 사탄이 하나님께 내미는 도전장을 보면 알 수 있다. 욥이 괜히 하나님을 섬기는 줄 아십니까. 늘 지켜 주고 돌봐 주니까, 수지맞는 장사니까 하나님을 믿고 따르는 거 아닙니까? 그러니까 그에게 주신 것 다 거둬 가 보십시오. 그러면 틀림없이 하나님을 저주할 겁니다.

그렇다. 사탄은 하나님과 인간의 관계가 주고받는 타산적 관계에 불과하다고 주장한다. 그것이 본질이라고 말한다. 하나님께 현실을 받아들이라고 충고하는 셈이다. 하나님, 너무 낭만적이세요. 현실을 모르시는군요. 인간이 어떤 존재인지 아직도 모르시겠어요? 기브앤테이크, 그게 모든 관계의 본질 아닌가요?

그런데 하나님은 욥과 하나님의 관계가 그런 게 아니라고 단언하신다. 그리고 내기를 제안하신다. 참으로 놀랍게도 욥은 하나님의 그 믿음이 옳았음을 온몸으로 입증해 낸다. 욥 '덕분에' 하나님은 내기에서 승리하신다.

루이스는 《세상의 마지막 밤》에 실린 에세이 "기도의 효력"에서 기도 응답의 신비에 대해 말하면서 기도한 것을 받는다고 해서 자기가 하나님께 총애 받고 있다거나, 하나님께 특별한 영향을 끼칠 수 있는 측근이라도 되는 줄로 생각하면 곤란하다고 말한다. 겟세마네 동산에서 예수님의 기도가 거절된 것을 생각하라고 한다. 그리고 경험 많은 그리스도인이 들려주었다는 무서운 말을 전해 준다. 그는 놀라운 기도 응답을 많이 보았고 그 중에는 기적적인 응답도 있었으나, 그런 응답은 대체로 신앙생활 초기에 주어진다고 말한다. 그리스도인의 삶이 진행됨에 따라 그런 응답은 드물어지고, 기도가 거절되는 경우가 많아질 뿐 아니라 더 분명하고 단호하게 거절된다. 이 말에 이어 루이스는 이렇게 경계한다.

우리처럼 작은 사람들은, 도저히 희망을 바랄 수 없고
가능성도 없는 상황에서 기도로 구한 것을 하나님이 허락해
주실 때, 자신이 혜택을 받았다는 성급한 결론을 내려서는 안
됩니다. 우리가 더 강하다면 덜 부드러운 대접을 받을 것이기
때문입니다. 우리가 더 용감하다면 하나님은 치열한 전투가

벌어지는 곳으로 우리를 보내실 것입니다. 우리는 거의 도움을
받지 못하는 상태에서 가장 절망적인 경계 구역을 지키는
임무를 맡게 될 것입니다.[3]

기도 응답에 대한 이 주장은 우리의 인생에 그대로 적용할
수 있다. 우리 인생이 평탄하고 무난하다면, 그것은 하나님이
우리를 남보다 더 사랑해서나 딱히 믿음이 더 좋아서가 아닐
것이다. 아마 약해 빠져서 조금만 상황이 어려워지면 바로 고꾸
라질 약골이라서 부드럽게 대우해 주시는 것일 테다. 더 강하다
면 오히려 가장 힘든 곳에 배치가 되었을 것이다.
　지금 한국에서 가장 힘든 보직이 무엇일까? 기복주의가 수
십 년 기세를 떨친 한국 교회에서, 교인들에게는 물질적인 축복
과 성공을 약속하고 교회와 관련해서는 건물이 크고 교인 수가
많은 것을 능사로 알고, 그렇게 되지 못한 교인들은 복 받지 못
한 자들이요, 작은 교회의 목회자들을 실패자라고 대놓고 말하
는 일부 대형 교회 목사들이 주름잡는 한국에서 그런 말들은
사실이 아니라고 온몸으로 말하는 것이 아닐까. 그 어려운 일을
누가 감당해 낼 수 있을까.
　누가 봐도 하나님을 사랑하고 신실하며 열정이 남달라서 많
은 일을 할 수 있는 사람이 지속적으로 좌절을 만나는 힘든 인
생을 겪으면서도 여전히 하나님을 의지하고 살아가다가 젊은
나이에 죽는다고 하자. 그런 사람 앞에서 그를 아는 사람이라면
그 누구도 그보다 내가 잘된 것은 내가 뛰어나고 하나님이 나

를 더 사랑해서 그런 거라고 차마 말할 수 없지 않을까.

그런 일을 과연 누가 맡을 수 있나? 매 세대마다 하나님이 "이 사람을 보라"고 말씀하실 수 있는 사람. 다른 어떤 보상 때문이 아니라 오로지 하나님이 하나님이시기 때문에 하나님을 믿고 살아가는 것이 그래도 값진 일이라고 온 일생으로 말할 사람이 필요하다면. 그 어려운 일, 사실은 시대마다 있어야 할 그 일에 쓰임 받을 사람은 누구일까.

어쩌면, 그리하여 주께서 D를 그런 재목으로 택하신 것이 아닐까.

"그런 교훈이 지금도 필요하기에 너에게 그 짐을 맡기려 한다. 맡아 줄 수 있겠느냐? 너는 그런 가운데도 견디고 나를 의지할 줄 믿는다."

혹시 D는 그런 소명을 받고 그 가운데 견디고 하나님을 붙들고 그분의 기대에 충실히 부응한 것이 아닐까?

이것이 내가 D를 추억하며 그의 인생에 대해 떠올려 보는 하나의 가설이다. 물론 하나님은 한 가지 일을 하실 때 만 가지 이유를 갖고 계신 분이니 그보다 훨씬 많은 이유들이 있을 것이다. 그 이유들은 아마도 대부분 그 날에, 그 나라에서 드러나리라.

2

예기치 못한
조이

C. S. 루이스와 조이Joy Davidman의 관계에 처음 관심을 갖게 된
것은 《헤아려 본 슬픔》을 읽으면서였다. 아내를 떠나보낸 남편
의 심정과 그에 따라오는 슬픔의 격랑과 신앙적 고뇌가 무척
인상 깊었다. 그리고 C. S. 루이스와 조이의 이야기를 다룬 영화
〈셰도우랜즈Shadowlands〉는 두 사람의 관계를 아름답고 낭만적
으로 그렸고, 죽음으로 끝나는 결말은 오랜 여운을 남겼다. 그
영화는 루이스를 예리한 사고력과 뛰어난 상상력의 소유자에
더해 낭만의 아이콘으로도 보게 해주었다.

 그런데 영국의 역사 신학자이자 루이스 전문가인 알리스터
맥그래스가 루이스 사후 50주년을 기념하여 출간한 전기 《C.
S. 루이스》는 영화 〈셰도우랜즈〉로 대표되는 루이스와 조이의

2. 예기치 못한 조이

관계에 대한 낭만적 이해에 찬물을 끼얹고, 조이라는 인물을 냉혹하게 평가한다. 나는 남녀 간의 낭만 역시 사람 사이에서 벌어지는 일임을 되새기며 마음을 가다듬어야 했다.

그러나 루이스와 조이의 복잡다단한 관계를 〈셰도우랜즈〉나 《C. S. 루이스》 같은 이런 양극단의 입장들이 제대로 담아낼 수 있을 것 같지는 않았다. 그런 생각을 뒷받침해 주는 좋은 전기가 최근에 나왔다. 해리 리 포우가 내놓은 세 권짜리 루이스 전기다. 2022년 10월에 출간된 제3권 *The Completion of C. S. Lewis(1945-1963): From War to Joy*(C. S. 루이스의 완성)에서 루이스와 조이의 관계에 대한 새로운 자료와 해석, 입장을 만날 수 있었다. 그 책을 통해 나는 두 사람의 관계와 조이라는 인물을 좀 더 입체적으로 보게 되었다.

칙칙한 독신남이 뉴욕 여자를 만나 구원 받다?

평생 독신으로 살던 루이스는 생애 후반부에 한 여인을 만나 결혼하고 사랑하게 되면서 인생이 송두리째 흔들리고 바뀌는 경험을 한다. 그의 뒤늦은 결혼과 사랑은 낭만적이고 미심쩍고 감동적이며 흥미진진하다. 안소니 홉킨스와 데보라 윙거 주연의 〈셰도우랜즈〉라는 영화로 제작되었을 정도로 말이다.

두 사람의 관계가 결혼 전후로 달라진 것은 법적으로 분명한 사실이지만, 감정적으로 둘의 관계가 새로운 국면을 맞이한 것은 조이가 암에 걸린 것이 밝혀진 이후였다. 그래서 조이의 병을 중심으로 둘의 관계를 전기와 후기로 나눌 수 있다. 조이가 루이스에게 편지를 보내는 것으로 시작된 두 사람의 관계를 바라보는 시각은 극과 극을 달린다.

첫째는 루이스와 조이의 관계를 낭만적인 로맨스로 그리는 것이다. 이런 입장을 대표하는 것이 영화 〈셰도우랜즈〉다. 물론 두 사람의 관계에는 낭만적 요소가 많이 있다. 하지만 맥그래스와 포우의 전기를 읽어 보면, 〈셰도우랜즈〉의 과도한 낭만화는 걸어 낼 부분이 있음을 알게 된다. 낭만적 견해에 따르면, 두 사람의 관계는 "루이스의 인생에서 늦게 피어난 연애 사건"이고 "결국 비극으로 끝난 동화 같은 로맨스"이다. 이런 낭만화된 상황 이해에서 루이스는 "사교적으로 고립된 채 칙칙하게 살던 나이 든 독신남"으로 등장한다. 그런 그가 "자신만만하고 활기찬 뉴욕 여자를 만나 인생이 완전히 뒤집힌다." 그녀가 루이스의 "지루한 인생에 새바람을 불어넣고" 그가 "인생의 좋은 것들을 발견하고 케케묵은 옛 습관들과 따분한 사회적 관습들을 떨쳐 버리게 도와준다."[1]

더욱이 영화에서는 두 사람 관계의 낭만성을 강조하기 위해서 루이스를 폐쇄적이고 자기 세계에 빠져 사는 사람으로, 조이는 대단히 자유롭고 사교적인 인물로 그리고 있다. 맥그래스도, 포우도 그 부분의 문제점을 공통적으로 지적한다. 오히려 루이스야말로 우정의 사람이었고 사교적이었던 반면, 조이는 사교적이라고 하기 어려운 사람이었다. 예를 들면, 루이스의 제자였다가 후에 친구가 된 조지 세이어는 《루이스와 잭》에서 "강한 소유욕, 잭의 친구들(특히 여성인 경우)에 대한 질투심, 그리고 감

28

정을 다스릴 줄 모르는 면모"를 여과 없이 드러낸 조이와 세이어 본인의 아내가 경험한 불쾌한 만남을 기록해 놓았다.[2]

꽃뱀과 물주?

영화 〈섀도우랜즈〉로 대표되는 낭만적 해석이 두 사람 관계의 감동적인 러브 스토리에 집중한다면, 알리스터 맥그래스는 루이스 친구들 다수가 "루이스에게 문학적 관심과 신앙적 관심뿐 아니라 금전적 관심까지 갖고 있던 그녀가 그에게서 도덕적인 부담을 이끌어 내어 원하지 않는 결혼을 하게 만들었다"고 보았다고 말한다. 그들이 볼 때 조이는 "본인과 두 아들의 미래를 보장 받기 위해 나선 꽃뱀golddigger이었다."[3]

맥그래스는 루이스의 마음을 얻고자 하는 조이의 속내가 드러난 소네트들을 소개한다. 1951-1954년에 쓴 이 소네트들을 보면 루이스와 처음 만난 뒤 미국으로 돌아온 그녀가 잉글랜드로 되돌아가 루이스와 더 깊은 관계를 맺으려 마음먹고 있음을 알 수 있다. 조이가 적극적으로 루이스와의 친분과 애정을 추구한 것은 분명 사실이다. 하지만 그것이 루이스를 향한 조이의 마음을 불순하게 평가할 근거는 되지 못한다. 소네트는 그녀의 노골적인 애정을 드러내 줄 뿐, 그 애정의 불순함 여부를 말해 주지는 않기 때문이다. 유명하고 돈이 많아서 사랑한 것인지, 사랑하게 된 사람이 마침 유명하고 돈이 많은 것인지 누가 알겠는가?

맥그래스는 루이스에 대한 조이의 경제적 기대가 결혼 이후

29

에 더욱 선명하게 드러난다고 본다. 그 얘기를 하려면 결혼 이야기부터 좀 해야 한다. 1956년 4월에 루이스와 조이는 등기소에서 결혼 신고를 한다. "루이스의 입장에서 이 결혼은 1956년 5월 31일자로 대영제국 체류 기간이 만료되는 그레섬 부인과 그녀의 두 아들이 옥스퍼드에 머물 수 있도록 법적 권리를 만들어 주기 위한 조치일 뿐이었다."[4]

루이스가 한편으로 그렇게 생각했을지는 모르지만, 맥그래스는 루이스에게 여러 인맥이 있었기에 의지만 있었다면 미리 손을 쓸 수도 있었을 거라고 본다. 그런데 루이스는 조이의 체류 연장을 위해 다른 어떤 조치도 취하지 않았다.[5] 그러니까 영국 체류를 돕기 위해서라는 설명이 좀 작위적으로 들리는 것이다. 능히 기대할 법한 다른 조치들은 손 놓고 있다가, 가장 과격하고 통상적이지 않은 방식으로 '배려를 해준' 셈인데, 아무리 생각해도 뭔가 자연스럽지는 않다. 결혼이 그렇게 선심 쓰듯 해줄 수 있는 것이란 말인가.

루이스가 결혼 사실을 대부분의 친구들에게 비밀로 했다는 점 역시 눈길을 끄는 대목이다. 친구들은 조이가 주로 재정적 관심을 가지고 루이스에게 접근했다고 여긴 것 같고, 루이스는 친구들의 그런 우려와 반발을 예상했기 때문에 그렇게 비밀스럽게 움직였던 것 같다. 게다가 조이가 이혼녀라는 점도 무시할 수 없는 요인이었다. 당시 성공회에서는 이혼을 용납하지 않았기에, 이혼녀와의 결혼도 용납할 수 없었다. 특히 이 두 가지는 이후 톨킨과 루이스의 관계가 소원해지는 데 큰 영향을 미친 것으로 보인다.

　맥그래스는 민사 결혼에 대해 루이스와 조이의 생각이 달랐던 점을 지적하며, 자기 욕망과 자기주장이 강한 조이의 특성을 부각시킨다. 루이스는 어려운 형편에 처한 여성을 위해 기사도 정신을 발휘해서 결혼해 주었지만, 조이는 덕분에 영국에서 쫓겨나지 않게 된 것에 만족하지 못하고 루이스 부인으로서의 권리를 강하게 주장했고, 루이스는 마지못해 하나둘씩 그런 조이의 압력에 굴복하게 되었다는 설명이다.[6] 여기까지 들으면 과연 조이는 야심을 품고 결혼했고, 루이스는 기사도적 관대함을 베풀다가 덫에 빠졌구나, 하는 생각이 든다. 하지만 해리 포우는 이와는 다른 조이의 면모를 드러낸다.

조이를 위한 항변

　맥그래스의 설명만 들으면 조이가 영국에서 일을 할 수 없는 상황이었기 때문에 루이스의 재정 지원만 바라보고 있었던 것 같다.[7] 루이스를 '물주 아저씨sugardaddy'로 본 조이라는 그림이다. 하지만 조이는 영국에서 꾸준히 일을 했다. 법적으로 금지되어 있기는 했지만, 편집과 타이핑 등 어떤 일이든 해서 조금이라도 생활비를 마련하려 했다. 그리고 전남편에게 꾸준히 편지를 써서 아이들의 양육비를 받아 내려고 노력했다. 루이스가 아이들의 학비를 도왔다는 사실도 조이가 남편에게 보낸 편지에 등장하기 때문에 알려진 사실이다. 조이가 그 일을 언급한 것은 "남편이 부끄럽게 여기고 일자리를 잡아 아들들의 양육비

ⓒ 정인영

킬른스

루이스가 양어머니 무어 부인, 형 와니와 함께 살았던 집.
무어 부인이 죽고 조이와 두 아들이 들어오게 되면서 킬른스는 새로운 활기를 띄게 된다.

를 지원하게 하려는 노력의 일환"이었다. 그녀는 루이스의 도움을 받았지만 그것이 마지막이기를 바란다며 남편의 분발을 촉구하기도 했다.[8]

이런 자료를 근거로, 포우는 조이가 "자부심 강한" 여자이고 "열심히 일하는 것의 가치를 믿었던" 현대 여성이라고 평가한다. 형편상 루이스의 도움을 받기는 했지만, 그것을 노골적으로 노리고 접근했다고 보기는 어렵다고 본다. 전남편에게 연락해서 양육비를 받아 내려고 영국 체류 기간 내내 꾸준히 노력했고, 열심히 아르바이트한 것을 진정성 있게 받아들인 해석이다.

결혼 이후, 그리고 조이가 병들기 전까지 (병든 이후 두 사람의 관계에 대해서는 전기 작가들 사이에 이견이 없다. 그것은 희생과 사랑으로 서로를 세워 가는 아름다운 그림이다.) 두 사람의 관계에 대해서도 포우는 맥그래스와 결을 달리한다. 두 사람은 56년 4월에 결혼했지만 조이 가족이 킬른스로 들어오기로 한 것은 10월이 되어서였다.

포우도 조이가 킬른스로 들어오겠다고 루이스를 압박했을 가능성을 부인하지는 않지만, 그보다는 조이가 병원에서 그대로 사망할 가능성이 높아 보였던 당시 상황을 중요하게 여긴다. "조이 가족의 짐과 두 아들의 이사는 조이가 루이스 부인으로 킬른스로 이사한다는 계획이라기보다는 루이스가 두 소년에 대한 후견인 책임을 받아들였다는 뜻인 것 같다. 조이도 루이스도 조이가 살아남을 거라고 예상하지 않았다."[9] 조이는 줄곧 병원에서 지내야 했기에 57년 4월에서야 킬른스로 들어온다. 병

33

이 나아서가 아니라, 더 이상 병원에서 할 수 있는 조치가 없어서 간호사를 딸려 집으로 보낸 것이다. 이때는 다들 조이가 몇 주 안에 사망할 것이라고 생각했다.

조이가 루이스 부인으로서 킬른스의 소유권이 당연히 두 아들에게 상속될 것이라고 여겼던 것, 그리고 그 문제로 무어 부인의 딸 모린과 충돌한 일은 조이의 강한 자기주장과 경제적 욕심의 근거로 제시되곤 했다.[10] 그러나 루이스 형제는 죽을 때까지 킬른스의 거주권만 갖고, 소유권은 무어 부인에게 있었기에 이미 죽은 무어 부인에 이어 루이스 형제가 죽고 나면 집은 모린에게로 넘어가게 되어 있었다. 이런 이상한 계약을 누가 상상이나 했겠으며, 그런 말을 듣고 순순히 받아들일 아내가 얼마나 되겠는가?

질병이 드러낸 사랑

루이스는 1956년 12월 24일자 〈타임스〉지에 뒤늦은 결혼 발표를 실었다. 비밀 결혼을 8개월 만에 공개적으로 밝힌 것이다. 이때 처음으로 결혼 사실을 알게 된 많은 이들은 충격을 받았다. 루이스는 민법상의 결혼을 해줬을 뿐, 자신은 이전과 다름없이 살 수 있으리라고 생각했던 것 같다. 하지만 포우는 루이스가 과연 민사 결혼을 그 정도 수준으로만 생각했는지, 의심할 만한 사건을 하나 소개한다.

루이스는 혼인신고 한 주 전, 평소 친하게 지내던 여류 시인 피터 루스를 찾아가 점심 식사를 함께한다. 그런데 평소 다른 친구의 차를 얻어 타고 가던 그가 그날은 혼자서 버스를 타고 그녀를 찾아갔다. 초대도 받지 않고 혼자 찾아온 루이스의 유례 없는 행동에 루스는 깜짝 놀랐다. 포우에 따르면, 이 사건은 《사랑의 알레고리》에 나오는 유구한 '내면의 싸움'에서 드러나는 상당한 정도의 갈등을 말해 준다. 어떻게 하나, 어떻게 하나?" 이 사건을 통해 루이스가 조이와의 민사상 결혼이 단순한 배려 이상의 문제임을 본능적으로 직감하고 고민했음을 능히 짐작할 수 있다는 것이다.[11]

어쨌든 루이스는 자신의 결정이 기사도적 배려, 우정 같은 것이라고 생각한 것 같다. 왜 군이 조이에 대해서만 그런 특별한 배려를 했는지 누구에게도 설명하기 어려웠기에 비밀로 했던 듯하고, 그러면서도 자신의 속마음을 솔직히 들여다보지 못했던 것 같다. 조이가 살날이 얼마 남지 않았을지도 모른다는 것을 알게 되면서 비로소 루이스는 자신의 진심을 확인할 기회를 얻게 된다.

루이스는 1957년 6월 도로시 세이어즈에게 보낸 편지에서 자신의 감정 변화를 분명하게 밝혀 놓았다.

제 감정이 변했습니다. 경쟁자가 나타나면 친구가 연인으로 바뀐다는 말이 있지요. 속도는 알 수 없지만 확실하게 다가오는 타나토스[12]가 이 말에 딱 맞는 경쟁자였습니다. 잃어버릴 것이 분명한 대상은 금세 사랑하게 되는군요.[13]

© 김재완

케임브리지 모들린 칼리지

대중적 기독교 서적의 집필은 루이스에게 국제적 명성을 안겼지만 학문적 경력에는 불리하게 작용하여 그는 옥스퍼드에서 끝내 정교수가 되지 못했다. 이런 루이스에게 케임브리지 대학에서 '중세르네상스 정교수' 자리를 제안하면서 그의 케임브리지 시기가 시작되었다. 한편, 조이는 신비 체험을 통해 기독교 신앙을 갖게 된 후 루이스의 기독교 서적을 안내자로 삼아 지적이고 확고한 신앙에 이르렀고 루이스에게 이성적 관심도 품게 되었다. 기독교 대중작가로서의 활동이 케임브리지뿐만 아니라 조이와 만나는 중매쟁이가 된 셈이다. 사진은 루이스가 재직했던 케임브리지 모들린 칼리지.

루이스는 조이가 암에 걸려 사망 선고를 받게 되고, 조이를 잃어버릴 위기에 처하자 비로소 자신이 그녀를 사랑한다는 사실을 절감하게 된다. 이후 두 사람의 관계에서는 아름다움과 애틋함, 희생적 헌신과 꿋꿋한 대처가 두드러진다. 시험은 우리의 나약함을 드러내고 이기심을 폭로하는 계기가 되기도 하지만, 우리의 진심을 가리고 있던 위장과 가면을 벗기고 솔직한 모습으로 중요한 것에 집중하도록 만들어 주기도 한다.

조이와 더불어 찾아온 것

이제 조이와의 관계를 통해 루이스가 얻게 된 것들을 정리해 볼까 한다. 뒤집어 말하면, 조이와 깊은 관계를 맺지 않았다면 얻지 못했을 것들을 몇 가지만 생각해 보자.

문학적 영감

루이스는 문학적 영감이 넘쳐 나는 사람이었다. 특히 친구들과 오랫동안 진행한 문학 클럽 잉클링즈 모임은 그에게 문학적 자극과 영감을 제공했다. 그런데 조이와 관계가 가까워지던 그 무렵 루이스는 한동안 문학적 벽에 부딪혀 있었다. 루이스가 조이와의 만남에서 얻은 것은 무엇보다 문학적 자극과 영감이었던 것 같다. 루이스에게 조이는 문학적 뮤즈였던 것이다.

조이와의 상호작용으로 탄생한 대표적인 작품이《우리가 얼굴을 찾을 때까지》이다. 두 사람이 함께 위스키를 마시며 아이디어를 주거니 받거니 하는 과정에서 루이스가 딱 들어맞는 어

떤 구상을 하게 되고, 그 이후 순탄하게 책으로 나왔다.[14]

《시편 사색》,《네 가지 사랑》은 조이의 암이 기적처럼 사라지고 더불어 안정된 생활을 하던 시절에 탄생한 작품들이다. 그리고 무엇보다 조이가 죽고 난 이후 슬픔과 격렬한 감정에 밀려드는 회의를 적어 나간《헤아려 본 슬픔》은 그녀와의 결혼 생활이 없었다면 탄생할 수 없었을 것이다.

두 아들

루이스는 조이와 결혼함으로써 그녀의 두 아들 데이비드와 더글러스의 아버지가 된다. 두 아이를 기르게 되면서 자신의 아버지를 떠올리고 추억하게 되었을 거라고 능히 짐작할 수 있다. 둘째 아들 더글러스는 루이스에게 큰 기쁨을 주었다. 57년 3월 지인에게 쓴 편지에 이렇게 적었다. "더글러스는 한마디로 매력덩어리입니다(11살 반)." 60년 8월에 친구 아서 그리브즈에게 보낸 편지에는 이렇게 밝혔다. "둘째 더글러스는 늘 그렇듯 더없이 든든한 친구이고 내 인생에서 참으로 밝은 별이지."

반면, 첫째 데이비드는 루이스에게 자신의 어린 시절을 떠올리게 하는 아이였다. "데이비드는 첫눈에 그만큼 매력적이진 않지만 그래도 제게는 우스꽝스러울 만큼 적절한 의붓아들입니다. 그 또래였을 때의 제 모습과 거의 똑같거든요. 책벌레에 잘난 체하고 다소 고지식합니다."[15]

그런데 데이비드에게는 만만치 않은 문제가 있었다. 둘째 더글러스는 어린 시절 형이 두 번이나 자기를 죽이려 시도했고,

그래서 늘 마음을 놓을 수 없었다고 밝힌 바 있다. 이 말만 들으면 무슨 고약한 무고인가 싶지만, 나중에 데이비드는 망상형 조현병 환자로 진단이 났고 결국 정신병원에서 죽었다. 〈셰도우 랜즈〉에서 더글러스만 등장하는 것도 데이비드의 그런 문제 때문이었다고 한다. 그러나 루이스는 조이 생전에뿐 아니라 조이가 세상을 떠난 후에도 힘닿는 대로 아이들을 열심히 뒷바라지했다.[16]

행복

57년 6월, 병원에서는 더 이상 할 수 있는 일이 없어서 조이가 집으로 돌아와 있는 상황에서 루이스는 뜻밖의 고백을 한다. 조이는 꼼짝 못하고 침대에 누워 지내지만 "우리 부부는 상당히 유쾌하고 어느 정도 행복하기까지 합니다. … 상황을 묘사하기가 쉽지 않군요. 제 마음은 찢어집니다만 이렇게 행복했던 적이 없습니다. 어쨌거나 인생에는 제가 알던 것보다 더 많은 것이 있습니다."[17]

조이의 상태가 좋아졌을 때, 그래서 조금은 편안하고 안정된 생활을 누리게 되었을 때 그는 적극적으로 고백한다. 자신이 20대 때 놓쳤던 행복을 60대에 누리게 되다니! 라고.[18] 루이스가 행복하다고 말하다니. 철두철미 비관론자인 그의 입에서 잘 듣기 힘든 고백이다. 그러나 이 행복은 큰 아픔과 슬픔을 배경에 깔고 있는 것이었다. 이 고백을 하고 얼마 후 조이는 암이 재발하여 목숨을 잃고 만다. 그리고 루이스는 커다란 슬픔에 사로

잡힌다.

슬픔과 고통

아우구스티누스는 《고백록》에서 절친한 친구의 때 이른 죽음에 큰 고통과 괴로움을 느끼고, 그런 슬픔과 아픔은 하나님 외의 다른 것을 사랑해서 찾아왔다며 하나님 외의 다른 존재에게 마음을 주면 안 된다고 말한다. 루이스는 이런 생각이 아우구스티누스가 이교도 시절에 익힌 사고방식의 잔존물이라고 생각한다. 상처 받기 싫으면 마음을 닫아야 한다는 식의 대처는 올바른 해결책일 수 없다며 이렇게 말한다.

사랑한다는 것은 상처 받을 수 있는 위험에 자신을 노출시키는 행위입니다. 무엇이든 사랑해 보십시오. 여러분의 마음은 분명 아픔을 느낄 것이며, 어쩌면 부서져 버릴 수도 있습니다. 마음을 아무 손상 없이 고스란히 간직하고 싶다면, 누구에게도 … 마음을 주어서는 안 됩니다. … 모든 얽히는 관계를 피하십시오. 마음을 당신의 이기심이라는 작은 상자에만 넣어 안전하게 잠가 두십시오. 그러나 … 그 상자 안에서도 그것은 변하고 말 것입니다. 부서지지는 않을 것입니다. 깨뜨릴 수 없고 뚫고 들어갈 수도 없을 것입니다. 그러나 구원 받을 수 없는 상태가 될 것입니다.[19]

그리고 더 나아가 이렇게 단언한다. "우리는 모든 사랑에 내

재해 있는 고통을 피하려고 애씀으로써가 아니라, 그것을 받아들이고 그분께 바침으로써 하나님께 더 가까이 다가서게 됩니다."[20]

루이스가 이 책을 쓴 시기는 의미심장하다. 조이와 결혼하고 조이의 병이 기적적으로 치유되어 안정이 찾아왔던 짧은 기간이기 때문이다. 루이스가 이 글을 쓸 때 조이를 사랑하면서 겪게 된 아픔을 떠올렸음이 분명하다. 그는 사랑으로 인한 아픔까지 감싸 안음으로써 사랑이 무엇인지 경험적으로 배웠다.

위기 앞에서 단련되는 사랑

루이스와 조이의 사랑은 영화 〈셰도우랜즈〉에서 그려낸 것 같은 순백의 로맨스도 아니지만 맥그라스의 《C. S. 루이스》에서 다룬 것처럼 꽃뱀과 물주의 만남도 아니었다. 초기에 둘의 관계는 조이의 적극적 구애와 루이스의 은근한 수용과 기사도적 배려, 우정의 합작으로 버무려진 비밀스럽고 어정쩡한 결합이라고 정리할 수 있겠다.

루이스와 조이 관계의 전반부가 마음에 들지 않는 이도 있을 것이다. 그러나 이 결합이 조이의 치명적 질병이 밝혀지면서 획기적 전기를 맞이한다는 점에 주목하고 싶다. 조이의 병은 루이스가 조이에 대한 자신의 애정을 직시하게 했고, 그것을 계기로 루이스는 모든 위장과 가면을 벗고 아내 조이를 헌신적으로 사랑하고 보살피는 남편으로 거듭난다. 이후 계속된 투병과 일시적 회복, 악화와 사망에 이르기까지 그들은 함께 그 모든 과정을 씩씩하게 겪어 낸다. 위기 앞에서 오히려 단련되고 담금질 되는 사랑. 루이스와 조이의 사랑은 그것을 보여 준다.

한 사람을 사랑하는 것은 예기치 못한 새로운 관계와 만남, 경험의 세계로 발을 들여놓는 일이다. 조이는 루이스에게 문학적 영감을 제공했고, 결혼과 함께 어린 두 아들을 선사했다. 그녀를 통해 루이스는 이전에 알지 못했던 차원의 행복과 고통을 동시에 맛보았다. 사별이 가져다준 정서적 고통을 기록한《헤아려 본 슬픔》이 루이스의 다른 어떤 글보다도 마음에 와닿는 것은, 그것이 관찰자의 시선이 아니라 경험자의 심정으로 써 내려간 글이기 때문이다. 그 책에서 우리는 루이스가 숱한 글에서 가르치고 선포했던 내용이 본인도 삶 한가운데서 경험하고 체화해야 할 것들이었음을 확인하게 된다.

루이스는 사랑으로 인한 고통과 행복이 한 세트라는 것을 조이와의 관계를 통해 절절하게 경험했다. 그로 인한 고통은 컸지만, 사랑하는 사람은 다들 루이스처럼 "그대로 인한 근심 이 다른 모든 이득보다 더 소중합니다"[21]라고 고백할 것이다. 그것은 사랑에 따라오는 모든 것을 고스란히 받아들이고, 그 과정에서 비록 앞날을 알지 못하지만 하나님을 의지하여 믿음으로 나아가는 가운데 비로소 누릴 수 있는 어떤 것에 대한 고백이었다.

3

하나님의 인정 vs.
사람의 인정

아버지가 돌아가신 후, 아버지를 추억하면서 인정의 문제를 정리해 보자는 생각이 들었다. 나는 아버지가 천국을 진심으로 믿고 간절히 소망하고 살았으며 그 믿음대로 "잘하였도다 착하고 충성된 종아"라는 하나님의 인정을 받았으리라 믿는다. 그런데 한편으로 사람의 인정 또한 아버지의 인생 간증에서 중요한 자리를 차지했다. 사람들에게 인정받았던 뿌듯한 기억들이 아버지에게 큰 활력을 주었던 게 분명하다. 남의 시선에 개의치 않고 노년에 자유롭게 하고 싶은 일을 하시면서도, 여전히 사람들의 작은 칭찬과 인정에 큰 힘을 얻는 모습도 보여 주셨다. 하나님의 인정과 사람의 인정, 이 둘은 어떤 관계에 있을까?

천국을 바라는 신앙은 장삿속인가?

어떤 이들은 천국을 바라며 신앙생활을 하는 기독교인들의
동기를 비판한다. 아무런 대가 없이 순수하게 진선미를 추구하
고 생명을 사랑하고 자신을 희생할 일이지, 천국이라는 엄청난
보상을 바라보고 신앙생활을 하는 것은 얄팍한 장삿속이라는
것이다.

C. S. 루이스는 "영광의 무게"라는 에세이에서 이런 비판에
답하면서 보상에는 세 가지 종류가 있음을 밝힌다. 첫째, 합당
치 못한 보상이다. 돈 때문에 결혼하는 사람을 속물이라고 하는
이유가 여기에 있다. 둘째, 합당한 보상이다. 진정한 연인에게
결혼은 합당한 보상이며, 승리를 위해 싸우는 장군은 속물이 아
니다. "합당한 보상은 어떤 활동에 대한 대가로 주어진 부산물
이 아니라 그 활동 자체의 완성"이다. 셋째는 조금 더 복잡하다.
그래서 루이스는 그리스어를 배우는 학생의 예를 든다.

"그리스어로 된 시를 감상하는 즐거움은 그리스어를 배우는
사람에게 합당한 보상"이다. 그러나 그 말이 사실임을 경험할
수 있는 사람은 시를 즐길 수 있는 정도로 그리스어를 잘하게
된 사람뿐이다. 이제 막 그리스어 문법을 배우기 시작한 학생은
"연인이 결혼을 바라거나 장군이 승리를 바라듯" 그리스 대시
인의 글을 즐기게 될 날을 간절히 바랄 수가 없다. 당장에는 높
은 점수를 받으려고, 벌을 안 받으려고, 부모님을 기쁘게 해드
리려고 공부할 뿐이다.

이 학생의 입장은 속물의 입장과 비슷한 면이 있다. 학생이

44

앞으로 얻게 될 보상은 자연스럽고 합당한 보상이 되겠지만, 당장에는 그런 보상이 있는지도 모를 것이다. (공부를 잘해서 그리스어의 문리를 깨친 '루이스 같은 문학적' 학생들에게 해당하는 말이겠지만!) 지루하기만 하던 고역이 언젠가는 즐거움으로 바뀌는 순간이 찾아온다. 그러나 언제 고역이 즐거움으로 바뀌는지 정확히 집어낼 수 없다. 그 보상에 한 걸음씩 다가가는 동안에만 그리스어 공부가 주는 보상을 바랄 수 있다. "그것을 그렇게 바랄 수 있다는 것 자체가 이미 예비 보상"이다. 그리고 루이스는 이 학생의 처지와 천국을 바라는 그리스도인의 처지를 비교한다.

> 영원한 생명을 얻고 하나님의 목전에 서 있는 사람들은 천국이
> 뇌물 따위가 아니라 지상 제자도의 완성임을 아주 잘 알
> 것입니다. 하지만 아직 그런 상태에 이르지 못한 우리는 그들과
> 같은 방식으로 천국의 실체를 알 도리가 없고, 그것의
> 맛이라도 약간 보려면 계속 순종할 수밖에 없으며, 궁극적
> 보상인 천국을 점점 더 간절히 바라는 자기 모습에서 순종의
> 첫 번째 보상을 발견하는 수밖에 없습니다. 천국에 대한
> 욕망이 커져감에 따라, 그것이 장삿속이 아닐까 하는 두려움은
> 사라지고 마침내 터무니없는 기우였음을 알게 될 것입니다.[1]

천국의 영광, 하나님의 인정

인간의 경험과 지식에만 근거한다면 천국의 실체를 더 이상 밝힐 수 없을 것이다. 그래서 루이스는 성경의 가르침에 근거하

ⓒ 정인영

세인트메리 교회

"그것은 … 하나님이 알아주시는 명예, 그분의 인정 내지 (이렇게 말해도 된다면) '칭찬'을 말하는 것
이었습니다. … 달란트 비유에서 하나님은 '잘하였도다 착하고 충성된 종아'라고 명백하게 치사_했
_빼하지 않으셨습니까? … 어린아이처럼 되지 않으면 천국에 들어갈 수 없다는 말씀이 갑자기 기억
났습니다. 칭찬 받을 때 가식 없이 한껏 기뻐하는 것은 아이…에게서 가장 두드러진 모습입니다. …
가장 겸손하고, 가장 천진난만하고, 가장 피조물다운 기쁨 … 그것은 열등한 존재만 누릴 수 있는 기
쁨입니다."-《영광의 무게》에서
사진은 루이스가 "영광의 무게"를 설교했던 옥스퍼드 대학 세인트메리 교회.

여 "어떤 자연적인 행복도 채우지 못할 욕구"의 대상인 천국에서 얻을 영광에 대해 탐구한다. 그는 영광에서도 '명예'의 측면에 집중한다. 일단 그는 명예에 대한 거부감을 토로한다. 명예욕은 경쟁심에서 나온 것이므로 천국이 아니라 지옥의 욕망으로 보인다는 것이 그 이유다.

> 그러나 그것은 … 하나님이 알아주시는 명예, 그분의 인정 내지 (이렇게 말해도 된다면) '칭찬'을 말하는 것이었습니다. … 달란트 비유에서 하나님은 "잘하였도다 착하고 충성된 종아"라고 명백하게 **치사**致謝하지 않으셨습니까? … 어린아이처럼 되지 않으면 천국에 들어갈 수 없다는 말씀이 갑자기 기억났습니다. 칭찬 받을 때 가식 없이 한껏 기뻐하는 것은 아이…에게서 가장 두드러진 모습입니다. … 가장 겸손하고, 가장 천진난만하고, 가장 피조물다운 기쁨 … 그것은 열등한 존재만 누릴 수 있는 기쁨입니다.[2]

물론 이 순수한 욕망이 인간의 야망과 뒤섞여 뒤틀릴 수 있다. 하지만 "그런 변질이 일어나기 전", 즉 "합당하게 사랑하고 존경하는 사람들을 기쁘게 했다는 순수한 만족감을 누리는 극히 짧은 순간"을 포착하는 것은 가능한 일이다. 그것만으로도 현재의 우리로서는 기대할 수 없는 상황을 상상할 수 있는 출발점이 된다.

그것은 … 구속救贖받은 영혼이 자신의 창조 목적을 성취하여
창조주를 기쁘게 해드렸다는 사실을 마침내 알게 될 때 벌어질
상황입니다. 그때, 허영이 들어설 자리는 전혀 없을 것입니다.
… 그날의 영혼은 하나님이 만들어 주신 자기 모습에 순수하게
기뻐할 것…입니다. 하나님이 만족하시는 일이라면, 우리는
스스로 만족해도 좋을 것입니다.[3]

영광을 하나님이 '알아주시는' 상태로 묘사하다니 시시해
보이는가? 그러나 내가 좋아하고 존경하는 누군가가 나를 알아
주는 것만으로도 가슴 벅찬 일이라면, 온 우주의 창조주이자 구
원자요 심판자이신 하나님이 나를 알아주신다는 것은 궁극의
영광일 것임을 능히 짐작할 수 있다. 더 나아가 하나님이 인정
하고 알아주신다는 영광은 우리의 영원한 운명을 좌우하는 사
안이다.

이것이 바로 신약성경이 말하는 바라고 해도 과언은 아닙니다.
사도 바울은 하나님을 사랑하는 사람들에게, 하나님이 그들을
알아주실 거라고 약속합니다(고전 8:3). … 하나님은 언제나
모든 것을 아시지 않습니까? 그러나 우리는 신약성경의 또
다른 구절에서 같은 주장의 섬뜩한 울림을 들을 수 있습니다.
그 구절은 누구라도 마침내 하나님의 얼굴 앞에 설 때에 "내가
너희를 도무지 알지 못하니 … 내게서 떠나가라"(마 7:23)는
끔찍한 말씀을 듣게 될 수 있다고 경고합니다. … 어떤

48

의미에서 우리는 모든 곳에 계신 하나님의 임재에서 쫓겨나고 모든 것을 아시는 분의 지식에서 지워질 수 있습니다. 우리는 완전하고도 철저하게 **바깥에** 남겨질 수 있습니다. 쫓겨나고, 유배당하고, 소외되고, 말도 못할 정도의 최종적인 무시를 당할 수 있습니다. 반면, 우리는 들어오라는 부름을 받고, 환영받고, 영접받고, 인정받을 수 있습니다. 우리는 이 믿기 어려운 두 가능성 사이에서 매일 칼날 위를 걸어갑니다.[4]

아우구스티누스의 현실주의

천국이 약속하는 이 엄청난 명예, 칭찬이야말로 모든 그리스도인이 바라고 기대하는 본질이라고 루이스는 설명한다. 나의 영원한 운명이 달려 있는 그분의 인정, 칭찬, 알아주심에 비하면 지상에서 인간들이 서로에게 부여하는 명예와 인정, 알아줌은 본질적으로 아무것도 아니라고 해야 할 것이다. 인간의 판단은 얼마나 부정확하고 치우치고 오염된 것이며, 또 얼마나 변덕스럽고 부화뇌동하는 것인가. 그런 인간의 인정 따위에 연연하는 것은 미련한 짓이다.

그런데 하나님의 인정만이 중요하다는 것을 인정하고, 인간의 인정과 명예를 추구하며 사는 것이 부질없음을 알아도, 인간의 인정을 바라는 마음이 떨쳐지지는 않는다. 여전히 내 속에는 사람들의 인정에 대한 욕구가 생생하게 느껴진다. 제임스 스미스는 《아우구스티누스와 함께 떠나는 여정》에서 인정의 문제를 잘 다루어 주었다. 아우구스티누스 정도 되면 칭찬과 인정에

초연할 법도 하지 싶은데, 아니 그런 척이라도 할 법한데 그는 그렇게 하지 않는다.

> 존경 받는 주교인 그(아우구스티누스)는 자신이 칭찬과 사랑에 여전히 사족을 못 쓰는 사람이라고 인정한다. 그조차도 자신이 올바른 이유로 올바른 일을 하고 있는지 항상 확신하지는 못한다. 혹은 달리 말하면, 그는 동시에 두 가지 이유로 무언가를 할 때가 많다고 확신한다. 그에게 "당신은 이것을 하나님을 위해서 하고 있습니까? 아니면, 당신의 허영을 위해서 하고 있습니까?"라고 묻는다면 아우구스티누스는 정직하게 "둘 다입니다"라고 답할 것이다. 실제로, 그는 계속해서 자신에게 이렇게 묻는 것처럼 보인다. "왜 나는 지금 이 《고백록》을 쓰고 있는 걸까? 무엇을 바라고 있는 것일까? 누구에게 주목을 받으려는 걸까?"[5]

그리고 제임스 스미스는 흥미로운 상상을 한다. 아우구스티누스가 현대를 살면서 인스타그램으로 자신의 책 홍보를 하는 상상이다.

> 그가 지금 살아 있다면, 그는 겸손을 다루는 곧 나올 자신의 책 관련 게시물을 인스타그램에 올리는 데 많은 시간을 들이고 있다고 기꺼이 인정할 것이다. 그러나 그는 자신의 순수함을 확신해서가 아니라 그의 동기에도 불구하고 그가 하는 최선의

노력을 사용하시는 하나님의 은총을 확신해서 그런 위험을 무릅쓸 것이다.[6]

아우구스티누스는 자신이 하는 일의 동기가 이중적임을 인정한다. 제임스 스미스는 이것을 '아우구스티누스의 영적 현실주의'라고 부른다. 현실주의와 정직함, 이것이 아우구스티누스의 매력이다. 아우구스티누스는 자신의 동기가 불순한 줄 알면서도, 그래서 뭔가 선한 일을 한다고 나설 때도 그것이 위험한 일이 될 수 있음을 알면서도 위험을 감수한다. 처음부터 그가 신뢰한 것은 자기 동기의 순수함이 아니라 하나님의 은총이기 때문이다.

> 하나님의 사랑 안에 안식한다고 해서 야심을 억누르지는 못한다. 하지만 다른 불이 우리의 야심을 타오르게 한다. 하나님이 나를 사랑하시게 만들려고 노력할 필요가 없다. 오히려 하나님이 나를 무조건 사랑하시기 때문에 자유롭게 위험을 무릅쓰고 깊은 곳으로 뛰어들 수 있다. … 하나님에 의해 발견되었을 때 당신은 마음껏 실패해도 된다.[7]

하나님의 인정 vs. 사람의 인정
물론 그렇다고 해도 넘어서는 안 될 어떤 '선'이 있을 것이다. 사람들의 반응에 끝없이 연연하고 평정심을 빼앗기고 잘못된 동기가 모든 것을 잡아먹을 때, 모든 것이 남에게 잘 보이고 남을 조종하기 위한 연기가 되어 버리는 시점, 조회 수를 올리기 위해 기만과 악행까지 저지르고 싶어지는 때가 올 수도 있다. 그런 때가 온다면 SNS든 무슨 일이 되었든 멈춰야 할 것이다. 예수님의 말씀을 빌리자면 "눈을 빼 버리고 손을 찍어 내야" 할 때가 온 것이겠다.

그 정도까지 이르지는 않았다 해도 여전히 내 양심을 찌르는 문제가 있다. 하나님의 인정보다 사람의 인정에 대한 갈망이 더 강렬하고 생생하게 느껴진다는 점이다. 내가 하나님의 인정을 바라면서 가슴이 설레고 북받쳐 오른다고 말하기는 어렵다. 이런 상대적 강도의 차이를 어떻게 봐야 할까. 어떻게 해야 할까? 이것이 마음 쓰이는 이유는 내가 사람의 인정을 추구하는 만큼 하나님의 인정을 추구하는가, 하는 우선순위의 문제로 다가오기 때문이다. 여기에 대해서는 하나님과 지상의 연인 중 누구를 더 사랑하는가, 하는 질문을 다루었던 루이스의 《네 가지 사랑》에 등장하는 논의에서 지혜를 빌려 올 수 있을 것이다.

하나님과 지상의 연인 중 누구를 더 사랑하는가 하는 질문은, 우리의 기독교적 의무에 관한 한 두 감정 사이의 강도를 비교하는 질문은 아닙니다. 진짜 질문은 (선택의 상황이 올 때) 우리가 어느 쪽을 섬기고 선택하고 우선시할 것인가에 있습니다. 최종적으로 어느 쪽 요구에 우리의 의지를 굴복시킬 것인가 하는 문제입니다.[8]

누구의 인정을 더 바라는가 하는 문제에서도 감정적 강도에 신경 쓸 일은 아닌 것 같다. 다만 인간의 칭찬과 명예를 추구하는 길이 하나님의 인정과 알아주심을 따르는 길과 충돌한다면 선택은 분명하다. 그런 상황에서는 인간의 인정과 명예를 '미워하고' 하나님의 인정을 '사랑하고' 선택해야 할 것이다. "하나에 대해서는 고수하고 동의하고 봉사해야 하며, 다른 하나에 대해서는 그렇게 하지 말아야 한다." 물론 이 말은 그때 가서 새로 고민하고 선택하라는 뜻이 아니라, 이미 오래 전에 내려진 결론이 행동으로 확정되는 자리가 되게 하라는 뜻이겠다.

양자택일이 아니다

그러나 지상에서는 하나님의 인정과 알아주심이 대체로 인간들을 통해서 주어진다는 점 또한 잊어서는 안 될 것이다. 여기서 다시 한번 아버지를 떠올리게 된다. 아버지의 인생에서 하나님의 인도하심과 도우심의 뚜렷한 증거 중 하나가 바로 어머니였다. 어머니를 보내고 아버지가 잃어버린 가장 큰 것은 '아낌없는 인정과 격려의 샘'이 아니었을까. 어머니의 그 역할을 누구도 대신할 수 없겠지만, 못난 아들이 나이 드신 아버지를 내 수준에서나마 제대로 인정하고 칭찬해 드리지 못한 것 같아 죄송하다.

이것은 하나님의 인정과 칭찬을 대신하려는 주제 넘는 시도를 하자는 게 아니다. 그동안 내가 얼마나 많은 이들의 인정과 칭찬을 통해 격려와 힘을 얻고, 그것을 통해 배후에 계신 하나님의 알아주심을 경험했는지 기억하자는 것이다. 좀 더 아낌없이, 흔쾌히, 화끈하게 인정하고 칭찬해야지, 하고 다짐해 본다.

4

악마의
딜레마

악마의 딜레마

종교적 악인들의 동기와 모습을 경제적, 정치적으로 설명하기는 어렵지 않다. 그들은 종교라는 효과적인 도구를 이용하여 약자들을 착취하고 권력을 휘두른다. 단순하고 분명하다. 이것이 전부라면 종교는 하나의 도구와 속임수일 뿐이요, 하나님을 믿는 신앙이라는 것은 사람들을 조종하는 이데올로기에 불과할 것이다. 권력욕에 물든, 기득권에 목 매는 종교 지도자들의 모습은 무신론자들이 종교의 실체를 부인하고, 더 나아가 신의 존재를 부인하는 확실한 근거가 되어 준다.

루이스의 〈나니아 연대기〉 중 마지막 책인 《마지막 전투》에는 이런 자들에게 속지 않겠다고 단단히 마음먹는 인물들이 등

55

장한다. 난쟁이들이다. 사악한 원숭이 시프트가 사자 가죽을 뒤집어쓴 당나귀를 이용해서 나니아의 창조자인 아슬란의 대리자 행세를 하며 그들을 착취하고 억압할 때 난쟁이들은 감쪽같이 속아 넘어가 이용당한다. 그런데 주인공들의 활약으로 당나귀의 정체와 악당의 속임수가 폭로된 후에도 난쟁이들은 믿음을 회복하지 못한다. 아예 아슬란에 대한 믿음까지 내다 버리고 다시는 누구에게도 속지 않겠다고 다짐한다. 이제 믿을 건 본인들뿐이라고, 난쟁이들의 이익을 난쟁이 스스로가 쟁취하는 수밖에 없다고 생각한다.

이런 생각에는 직관적 매력이 있다. 하나님을 이용해 먹는 사기꾼들에게 속지 않을 방법으로 하나님을 믿지 않는 것보다 완벽한 해결책이 어디 있겠는가. 이단 종파 사람들이 주로 기독교인들에게 접근하는 걸 보라. 아예 무신론자라면 종교의 폐해로부터 안전하지 않겠는가. 게다가 사람에게 위로를 주는 종교의 기능도 확실한 사실을 알려 주는 과학으로 대체할 수 있다. 무신론과 과학, 이 두 가지가 종교로 인한 폐해에서 우리를 지켜 줄 가장 확실한 대처법이 아닐까?

대학 시절에 어느 목사의 강연을 들은 적이 있다. 그는 출애굽기의 열 가지 재앙은 이스라엘 자손들이 펼친 게릴라 전술의 산물이며, 홍해를 가르는 사건도 배수진을 친 이스라엘 자손들의 결사 항전의 승전을 신앙고백으로 표현한 것이라고 주장했다. 듣고 있던 어느 학생이 물었다. 하나님이 존재한다고 믿으시느냐고. 그 목사는 믿는 자들이 존재하는 한, 하나님도 존재한다고 대답했다. 하나님은 믿는 자들의 마음에 있다는 논리였다. 《피터팬》에서 요정을 바라보는 관점이 이와 같다. 기억하는가? 팅커벨은 후크 선장이 "난 요정을 믿지 않아!" 하자 힘을 잃고 생명력이 꺼져 간다. 그래서 나중에 관객들이 다 함께 외쳐 줘야 한다. "난 요정을 믿어요!" 우리가 믿어 줘야 존재하는 하나님이라니. 그런 신이라면 빨리 정리되는 편이 나을 것이다. 그러나 그것은 성경이 말하는 능력의 하나님, 천지를 창조하고 다스리시는 하나님과는 전혀 다르다. 하나님을 믿지 않으면 자유로운 것이 아니라, 그분의 방어막에서 벗어나 악마에게 무방비로 휘둘리게 된다. 악마의 덫이 기다리는 것이다.

무신론적 과학에서 피난처를 찾는 이들을 기다리는 덫이 무엇인지 살피기 위해 악마의 전술을 좀 들여다보자. C. S. 루이스가 쓴 《스크루테이프의 편지》에는 고참 악마 스크루테이프가 신참 악마 웜우드에게 인간을 유혹하는 법을 전수하고 지도하는 서른한 통의 편지가 담겨 있다. 그런데 스크루테이프는 신참 악마로부터 자신이 맡은 환자(인간을 말함. 악마의 시각에서 하나님은 '원수'로 등장한다)에게 자신의 존재를 꼭 숨길 필요가 있느냐는 질문을 받는다. 답장에서 스크루테이프는 이 문제에 대한 명확한 지침을 제시한다.

당분간은 정체를 숨기는 것이 우리의 정책이다. … 사실 우린 지독한 딜레마cruel dilemma에 직면해 있다. 인간이 우리 존재를 믿지 않으면 직접 테러를 가함으로써 얻는 즐거운 소득을

포기해야 하고 마법사도 만들어 낼 수 없다. 반대로 인간이
우리의 존재를 믿게 되면 유물론자나 회의론자를 만들어 낼 수
없지.[1]

인간을 양쪽에서 다 괴롭히고 싶은데, 하나를 택하면 다른
하나는 포기해야 한다. 그래서 딜레마다. 그런데 다음 대목에서
스크루테이프는 흥미로운 생각을, 아니 희망 사항을 내놓는다.
지옥에도 '희망 사항'이라는 게 있기 때문이다. 그는 그 '위대한
소망'이 악마의 딜레마를 해결해 줄 것으로 기대한다. 그것이
무엇인지 살펴보기로 하자.

딜레마의 해결책

악마가 정체를 숨기면 인간을 노골적으로 공격하기가 어렵
고 주술사를 양산할 수도 없고, 드러내면 유물론자나 회의론자
를 만들 수 없다. 그런데 스크루테이프는 이런 딜레마를 해결해
줄 작품이 탄생할 거라는 원대한 꿈을 꾼다.

언젠가 적당한 때가 되면 과학을 감상적으로
만들고emotionalize 신화화mythologize함으로써, 원수를
믿으려는 인간의 마음은 여전히 닫힌 상태에서 사실상 우리에
대한 믿음(물론 우리 이름을 노골적으로 내세우지는 않겠지만)을
슬금슬금 밀어 넣는 법을 터득할 날이 오고야 말리라는
소망이지. '생명력'Life Force 이라든가 성性 숭배 풍조,

정신분석의 몇몇 부분은 이 점에서 유용하게 써먹을 만하다.
언젠가 우리가 '유물론자 마법사'라는 완전무결한 작품을
만들어 낼 그날이 오면, 즉 '영'의 존재는 거부하되 자기가
막연히 '힘 Forces'이라고 부르는 것을, 이용하기보다 실상
숭배하는 사람을 탄생시키는 그날이 오면, 그때 비로소 우리는
이 기나긴 전쟁의 끝을 보게 될 게다.[2]

하나님이라는 이름, 기독교라는 이름이 원래 그 이름이 가리키고자 했던 실체와 동떨어진 꼬리표로, 혹은 다른 목적을 가리기 위한 위장막으로 쓰일 수 있듯이 과학도 다르지 않다. 과학이라는 용어도 다양한 용례로 쓰일 수 있기에 그럴 여지는 많다. 게다가 과학이 대단한 권위를 부여받은 (그럴 만하다!) 현대에 과학을 빙자하여 자신의 이익과 권력과 주장을 관철하려는 이들이 많은 것은 당연한 일. 그런데 스크루테이프는 악마들도 그렇게 한다면서, 그런 방향으로 두 가지 전략을 언급한다.

1. 과학을 감상적으로 만든다. 어느 정도는 사실이기도 하고, 어느 정도는 만들어진 것이기도 한 과학자의 이미지가 있다. 진리를 위해 헌신하는 과학자. 감정에 휘둘리지 않는 외로운 영웅. 진리의 보루이고 인류의 희망인 과학. 과학 연구의 동력인 모험심과 도전 정신. 종교가 채워 주던 정서적 필요까지 대체하는 과학의 매력. 이런 상황에서는 과학이라는 꼬리표가 달린 쪽에 붙는 것이 멋있게 보인다. 그러나 종교라는 '꼬리표'가 아무것도 보장하지 않듯, '과학'이라는 꼬리표만으로는 아무것도 보

장되지 않는다.

2. 과학을 신화화한다. 과학이 대체 종교가 되고, 과학자는 사제가 된다. 과학이 모든 문제의 해결책이라는 신화가 널려 있다. 지금은 아니라도 언젠가는 과학이 모든 문제를 해결해 줄 것이라는 믿음이다. 과학이라는 용어가 신화, 이데올로기와 다를 바 없게 된 과학주의를 의미하는 경우도 있다. 사회 통합부터 미래 생존에 이르기까지 어쩌면 누구도 감당할 수 없는 벅찬 짐을 짊어진 과학은 인류의 유일한 소망으로 자리 잡는다.

나는 과학의 감상화, 신화화하는 모습을 다 보여 주며 전국을 떠들썩하게 했던 과학자가 우리나라에도 실제로 있었다고 본다. 그리고 그를 추종하는 자들이 보여 준 반응은 구원자, 선지자에 대한 기대와 열망이라 할 만했다. 엄밀히 말해 과학의 자리에서 벗어나 온갖 역할을 떠맡게 된 '과학'은 이름만 과학일 뿐 실상은 온갖 것들이 들러붙은 껍데기로 전락할 수 있지 않을까. 그리고 이런 식의 '말로만'의 유물론적 과학은 이름만 바꿔 단 주술사가 얼마든지 활개 칠 수 있는 놀이터가 될 수 있을 듯하다.

느낌이 잘 안 온다 해도 걱정하지 마시라. 루이스는 중요하게 여긴 주제는 여러 번, 여러 장르를 동원해 거듭 다루기 때문이다. 루이스가 '유물론자 마법사'를 이야기로 구현해 낸 작품이 공상과학소설《그 가공할 힘》이다.

《그 가공할 힘》에는 스크루테이프가 꿈꾸던 바로 그 완전무결한 작품이 등장한다. 초자연적인 세계 자체를 인정하지 않는 유물론적 과학을 신봉하면서도, 원하는 것을 이루기 위해서는 유물론에서 인정하지 않는 존재와도 주저 없이 손을 잡는 이들이다. 유물론적 과학과 초자연적인 영적 세계 및 마법이 결합한다. 유물론자를 자처하며 하나님이니 악마니 하는 전통적인 유신론적 명칭을 쓰지는 않지만, 실상을 들여다보면 스크루테이프가 말한 '유물론자 마법사'들이 대거 등장한다. 그러나 정작 그들은 여전히 유물론적 세계관에 따른 용어들(가령 '생명력')을 구사하느라 자신들이 벌이는 일의 실체를 파악하지 못한다.

하나님을 믿는다고 말하면서도 실천적 무신론자로 사는 것은 얼마든지 가능하다. 마찬가지로 유물론적 용어를 쓰면서도 얼마든지 다른 이름으로 위장한 악마를 섬기고 숭배할 수 있다. 《그 가공할 힘》의 무신론자 마법사들은 발전된 과학기술로 다른 차원의 힘을 얻게 되었다고 생각했다. 죽은 자의 뇌가 생명 유지 장치의 힘으로 목숨을 이어가는 것이라고 생각했다. 그러나 자신들의 생명 유지 장치를 치워도 뇌가 그대로 살아서 버젓이 활동하는 것을 본 그들은 초자연적 힘이 개입하고 있음을 깨닫고 기겁을 한다. 자신들이 감당할 수 없는 일을 저질러 놓고 뒤늦게 어찌할 바를 모른다. 그중 일부는 동료를 제물로 바쳐서 '초자연적 힘'의 환심을 사려 들거나 의식적인 숭배의 몸짓으로 살아남으려고 시도한다.

앞에서 우리는 종교적 악당에게 속지 않으려고, 거짓 종교

© Fred Holmes

홀리트리니티 교회 내부

1940년 7월 15일, 예배 도중에 유용하면서도 재미있을 것 같은 책에 대한 착상이 떠오른 곳이 여기였다.
"처음에 루이스가 생각한 책 제목은 '악마가 악마에게'였다. 고참 악마가 이제 막 첫 번째 '환자'를 맡은
젊은 악마에게 보낸 조언의 편지를 모은 책이 될 것이었다."-《루이스와 잭》에서

에 휘둘리지 않으려고 아예 하나님을 거부하고 종교를 던져 버리려는 시도를 이야기했다. 그리고 그 시도가 안전한 길을 보장해주는 것은 아님을 지적하며 '유물론자 마법사'를 소개했다. 유물론자 마법사는 종교적 언어를 구사하지 않고 하나님을 거부하는 것이 능사가 아님을 보여 준다. 오히려 영적 보호막은 벗어던진 상태에서, 비종교적 언어의 실체를 파악하지도 못한 채 엉뚱한 것을 추종하고 섬기는 결과가 기다릴 수도 있는 것이다.

그러면 어떻게 할 것인가

무엇인가를 부정하고 반대하는 데서 답이 나오는 경우는 많지 않다. 정반대의 오류를 낳을 뿐이다. 많은 경우, 하나님과 종교(기독교)를 거부하는 반응은 하나님을 알려 주는 참된 지도자나 그분을 믿는 종교를 실제로 입증해 보이는 참된 공동체를 경험하지 못하는 데서 비롯된 것이라 생각한다. 그렇다면 진정한 해결책은 참된 지도자, 참된 공동체를 만나는 것이리라. 그리고 어떻게 하면 바른 지도자와 공동체를 찾는가 하는 문제로 귀결된다. 이 글에서는 공동체에 대한 두 가지 내용만 언급하고자 한다. 첫째, 악한/잘못된 종교 공동체와 바른 종교 공동체 각각의 핵심적 특징을 짚어 보자.

《스크루테이프의 편지》1961년판 서문에서, 루이스는 "악마는 서로 지독하게 굳게 뭉친다"는 밀턴의 말을 인용한다. 무엇이 놈들을 뭉치게 만들까? 여기서 루이스는 악마들이 지독히

실리적인 두 가지 동기에서 움직인다고 주장한다. 두려움과 굶주림이다. 징벌에 대한 두려움이 악마들을 몰아간다. 그리고 일종의 굶주림이, 마치 잡아먹어서 자신의 영양분으로 삼는 것마냥 상대를 지배하고 자신의 일부로 삼고자 하는 탐욕이다.

악마에게서 철저하고 극단적으로 나타나는 이 두 가지 모습은 나쁜 공동체에서 정도는 덜하겠지만 본질에 있어서는 비슷한 형태로 드러난다. 먼저 두려움. 나쁜 종교 공동체에서는 순종에 대한 명령도, 성경의 온갖 가르침과 율법도 사람들을 지배하고 통제하는 수단으로 전락한다. 굶주림은 어떤가. 그것은 지배욕과 권력욕과 맞닿아 있다. 하나님을 들먹이고 성경을 인용하지만 결국 사람들에게 두려움을 심어 주어 "상대방의 지적인 삶과 정서적인 삶 전체를 단지 자신의 연장선 상에 두고자" 하는, "상대방을 통해 자기의 증오심을 발산하며, 자기의 불만을 터뜨리고, 자기의 이기심을 충족시키려" 든다. 이것은 경쟁으로, 차별로, 허영심과 열등감으로, 당파 짓기로 나타날 것이다.

또 다른 공동체, 우리가 찾아야 할 공동체도 그 중심에는 두려움과 굶주림이 있다. 먼저 두려움. 하나님이 주신 은혜에 제대로 반응하지 못하면 어쩌나 하는 두려움. 하나님의 이름에 누가 되면 어쩌나 하는 두려움. 이것을 다른 말로 '경외'라고 한다. 은혜에 대한 반응으로 나오는 것이기에 '감사'와도 멀지 않다.

이번에는 굶주림. 하나님을 더욱 갈망하는 이 굶주림을 다른 말로 '사랑'이라고 한다. 의에 주리고 목마름도 이 공동체의 특징이다. 자신에게 의가 없음을 알고 구하는 '겸손'도 볼 수 있고, 정의에 굶주린 것 또한 이들의 자연스러운 모습이다. 이런 것들이 완벽히 갖춰져 있는 공동체가 어디 있겠는가? 그러나 부족함을 인정하면서도 거기에 안주하지 않고 올바른 두려움과 굶주림을 가르치고 지향하는 공동체가 분명히 존재한다. 그런 곳을 찾아야 할 것이다.

둘째, 공동체와 용기에 대해서. 이 글에서 따로 다루지는 않았지만 《그 가공할 힘》은 유물론자 마법사의 이야기일 뿐 아니라 공동체의 이야기이도 하다. 나쁜 공동체가 평범한 사람들을 악하게 만들고 악한 자들은 더욱 악하게 만드는 반면, 선한 공동체는 용기의 근원이 된다는 점을 이야기로 잘 구현해 냈다. 모이면 악은 더 악하게, 선은 더 선하게 된다고 정리할 수 있겠다. 혼자서 용기 있기는 어렵다. 천하장사 삼손도, 능력의 선지자 엘리야도, 혼자서 맹활약 하다 끝내 무너지고 만다. 하나님은 엘리야에게 혼자가 아님을 알려 주시고 엘리사라는 사람을 붙여 주셔야 했다. 윌리엄 윌버포스가 영국의 노예제 폐지에서 감당한 역할을 말할 때 그와 함께한 클래펌 파를 고려하지 않을 수 없다. 어떤 공동체에 속하는가는 굉장히 중요한 문제이다.

나는 대학을 졸업하고 얼마 후 어느 기독교 시민 단체에서 몇 년간 간사로 일했다. 부족하고 못난 부분도 많았지만 의미 있는 일을 하는 보람도 컸다. 그런데 마지막에 대다수 간사들과 함께 파업을 했고, 결국 두 달 뒤에 거기서 나왔다. 나는 성정상 마음에 안 들면 그냥 조용히 그만두고 말지 파업을 할 사람이 아니었다. 그러나 같은 직급에서 일하던 동료 간사님이 '세계

나와서' 함께 파업에 동참할 수밖에 없었다. 그때만이 아니었다. 내가 뭔가 의미 있는 일을 할 때, 내 곁에는 용감한 사람들이 있었다. 나를 지지해 주는 공동체가 있었다. 오, 주여 제게 그런 동지들을 계속 허락하소서.

지금까지 온갖 시련을 겪어 오면서 그를 가장 두렵게 했던 것은 고립감이었다. 고립되는 것과 한 사람의 동지를 얻는 것 사이에 놓인 심연은 어떤 말로도 설명할 수 없었다. 수학적으로 넷은 둘의 두 배이다. 그러나 둘은 하나의 두 배가 아니었다. 둘은 하나의 2천배였다. 그렇기에 수많은 난관이 있어도, 세계는 항상 정의로운 자의 편에 서는 법이다.[3]

5

두려워하지 않도록
두려움을 주소서

성경의 마지막 책인 요한계시록 21장 8절에는 최종 심판을 받는 자들의 명단이 등장한다. 두려워하는 자, 믿지 아니하는 자, 흉악한 자, 살인자, 음행하는 자, 점술가, 우상숭배자, 거짓말하는 자.

여기에 뜻밖의 사람이 포함되어 있다. 그것도 명단 제일 앞에. **두려워하는 자**. 왜 그럴까? 믿음이 없는 자라면 이해할 수 있다. 하나님 나라는 오직 믿음으로 가는 곳이라 했으니, 믿음이 없는 자가 지옥에 가는 것은 이해가 된다. 흉악한 자, 살인자 등등도 다 고개가 끄덕여진다. 그런데 왜 두려워하는 자가 지옥에 갈까? 그것도 일등으로!

이상하다. 불편하다. 아마도 내가 겁 많은 사람이기 때문이

67

리라. 흉악한 자, 살인자 같은 이들은 남을 괴롭히고 죽인 사람이니까 그러려니 한다. 그런데 두려워하는 자가 왜 여기 나와 있을까. 그것도 명단 제일 앞에. 두려워하는 자는 약한 사람이 아닌가. 그런 사람은 오히려 불쌍히 여기고 다독이며 격려해야 하지 않을까.

〈해리 포터〉 시리즈를 보셨는지. 선이 굵은 인물이 많이 나오는 이 시리즈에서 내 관심을 가장 많이 끄는 인물은 웜테일이라는 별명을 가진 악당, 피터 페티그루다. 웜테일은 원래 해리 포터의 아버지와 친구였으나 악당 볼드모트의 부하가 되어 해리의 부모를 배신하여 죽음에 이르게 한다. 나중에 볼드모트가 다시 힘을 얻게 되는 데 가장 큰 역할을 하는 사람도 바로 웜테일이다. 공로만 놓고 보자면 웜테일은 볼드모트의 오른팔이라고 해야 할 듯하지만, 실제로 그는 볼드모트 추종자들에게도 계속 무시당하고 볼드모트에게도 인정받지 못한다. 그러면서도 웜테일은 별다른 요구도 하지 못한다. 그래서 궁금해졌다. 왜 그럴까? 웜테일이 원하는 건 뭐였을까?

볼드모트가 웜테일의 실체를 꿰뚫어 보고 말한 대로, 웜테일을 움직이는 동력은 두려움이었다. 웜테일은 볼드모트가 무서워서, 그에 대한 두려움에서 벗어날 수 없어서 그에게 몸 바쳐 일했다. 볼트모트가 두려워서 친구들도 배신했고, 십 년 가까이 쥐의 모습으로 변신하여 숨어 지내는 신세도 감수했다. 그리고 볼드모트를 무서워했기 때문에 그자를 기쁘게 할 만한 일,

그자가 원하는 어떠한 배신이나 악행도 거침없이 저지를 수 있었다. 자기 자신이 두려움에 떨고 있으니 다른 것은 눈에 들어오지 않았다. 우정도, 신의도 들어설 자리가 없었다. 두려움이 그를 악하게 만들었다.

요한계시록 21장 8절에 나오는 두려워하는 자에 대한 단서를 여기서 찾아볼 수 있다. 해당 본문에는 무엇을 두려워하는 자인지 언급되지 않았다. 두려움의 '대상'이 빠져 있다. 그러니까 본문에다가 목적어를 집어넣어 이렇게 읽을 수 있을 것이다. "엉뚱한 것을 두려워하는 자, 불과 유황으로 타는 못에 던져지리니…."

사람을 두려워하면

성경에서 두려워하지 말아야 할 대상으로 많이 거론되는 것이 사람이다. 코에 그 호흡이 있는 사람을 두려워하지 말라. 왜? 사람을 두려워하면 올무에 걸리게 되는(잠 29:25) 까닭이다. 볼드모트를 두려워해서 그의 노예로 살았던 피터 페티그루를 생각하면 되겠다. 그런데 사람을 두려워한다는 것을 특정인에 대한 두려움으로 한정해선 곤란하다. 특정 집단, 또는 불특정 다수의 생각이나 시선도 나를 옭아맬 수도 있다. 남들이 어떻게 생각할까, 어떻게 여길까 하는 것은 참으로 우리를 쥐고 흔드는 강력한 힘이 될 수 있다. 두 가지 예만 들어 보자.

알랭 드 보통의 책《불안》에 보면 제1차 세계대전 이전까지 결투로 죽은 유럽인이 수십만 명이라고 한다. 결투로 자신의 명예를 회복하지 않는 사람은 비겁자, 패배자라는 치욕이 따라다녔기에 견딜 수 없었던 것이다. 당시 유럽 사람들은 그런 치욕이 죽음보다 더 무서웠던 모양이다. 사람들의 시선은 죽음보다 두려운 것이다.

요즘도 요르단이나 이집트 같은 곳에서 공공연히 이루어지고 있는 명예 살인은 어떤가? 명예 범죄와 관련하여 정확한 통계는 나와 있지 않지만, 희생자의 절반 이상이 18세에서 29세 미만의 젊은 여성이고 가해자는 아버지, 남자 형제, 남편이다. 미혼 여성의 처녀성, 가족의 여성 구성원의 명예(정절)를 가정에서 지켜야 할 유일무이한 가치로 여기고 집착하는 집단은 경제적으로 어렵거나 분쟁과 망명 등으로 불안정한 형편의 가정이다. 자신들의 생활과 사회에서 주도권과 자신감을 잃은 남성들이 가정에서 여성들의 명예에 더욱 집착하는 모습을 보여 준다. 아무리 그러하기로 명예 살인의 실행자가 아버지, 오빠와 남동생, 남편이라니. 그것을 정당하게 여기다니. 딸, 아내, 누이의 목숨을 끊어 '명예'를 지키고 자신의 위신을 세우려 하다니.

남의 시선이나 판단이 갖는 한계를 보여 주는 적나라한 사례를 정신의학자 빅터 프랭클의 책에서 볼 수 있었다. 그는 2차 세계대전 말 강제수용소에서 보낸 경험을 바탕으로《죽음의 수용소에서》를 썼다. 그에 따르면 수용소에 있는 일반 수감자들은 자신이 하찮은 존재라는 느낌에 시달렸다. 그럴 수밖에 없을 것 같다. 그런데 같은 수감자라 해도 카포kapo, 요리사 등은 대단한 존재라도 된 듯 뻐기고 다닐뿐더러 약간의 과대망상증을 보이는 이들까지 있었다. 여기서 카포란 수감자 중에서 따로 뽑혀 다른 수감자들을 관리하고 괴롭히는 역할의 수감자를 말하는데, 동료 수감자들에게는 악귀 같은 존재였다. 감시하는 병사들이나 나치스 친위대원들보다 더 가혹하게 대했다는 것이다.

그런데 프랭클은 일반 수감자가 다른 수감자에게 어떤 카포에 대해 하는 말을 들었다. "밖에서 저 사람은 고작 큰 은행의 은행장에 불과했어요. 그런데 지금 카포가 되었어요. 저렇게 성공할 줄 누가 알았겠어요?"

남을 의식하는 것 자체가 무슨 문제가 되겠는가. 남을 전혀 의식하지 않고 사는 모습 자체가 무슨 칭찬할 일이겠는가. 어떤 일에 대해 어떤 방향으로 어느 정도 의식하는지가 문제일 터. 하지만 상대가 특정인이건 불특정 다수의 시선이건, 그에 대한 두려움 때문에 위축되고 정상적인 판단을 할 수 없게 된다면, 부질없이 죽음을 무릅쓰게 되고 살인까지 저지르는 지경이라면 심각한 문제가 아닐 수 없다. 그러나 카포에 대한 이야기는 그런 집단 내에서의 평가나 시선이 얼마나 덧없는 것인지, 그 한계를 생생하게 보여 준다.

제게 두려움을 주소서

이문열의 소설 《우리들의 일그러진 영웅》을 읽은 사람이라면 '엄석대'를 기억할 것이다. 그는 압도적 힘과 비열함으로 반장 자리에 앉아 학급 내에서 절대 권력을 휘두른다. 주인공은 그 부당한 권력에 저항하다가 철저히 응징당하고, 결국 그의 수

하로 들어간다. 그런데 나중에 새로운 담임교사가 부임하면서 모든 것이 달라진다. 학급 분위기가 어딘가 이상함을 간파한 교사는 상황을 파악하고 엄석대를 제압하여 학급의 잘못된 관행들을 바로잡아 간다. 그런데 여기서 흥미로운 대목이 나온다. 선생님이 무서워지니까 학생들 눈에 엄석대가 이전처럼 커 보이지 않았다는 것이다.

《새벽 출정호의 항해》에서 루시는 마법의 책에서 '인간의 경지를 초월한 아름다움을 주는 주문'을 접하고 그 주문을 외우면 나타날 결과를 알게 된다. 루시의 아름다움 때문에 전쟁이 일어나 나니아 주변 모든 나라가 황폐해지고, 영국으로 돌아가서는 아름다운 루시 때문에 언니 수잔은 누구에게도 관심받지 못하게 되는 것이다. 그런데 루시는 스스로에게 말한다. "난 이 주문을 외울 거야. 상관없어. 꼭 외우고 말 테야." 그래선 안 된다는 느낌을 떨쳐 내려고 그렇게 말하고는 다시 마법의 책을 보니 거기에 나니아의 창조자이자 구원자인 아슬란의 얼굴이 자신을 뚫어져라 쳐다보고 있었다. 이빨을 드러낸 채 으르렁거리는 아슬란이 무서운 나머지 루시는 후다닥 페이지를 넘긴다. 큰 위기를 벗어난 것이다. 〈나니아 연대기〉에는 이와 같이 주인공들이 아슬란을 두려워하여 위기를 넘기고 유혹을 이기는 대목이 여러 번 나온다.

오스왈드 챔버스는 두려움에 대해 이렇게 썼다. "하나님을 두려워하는 것에는 놀라운 원리가 담겨 있다. 하나님을 두려워할 때 다른 어떤 것도 두렵지 않다. 반면 하나님을 두려워하지 않을 때 그 밖의 것이 다 두려워진다."[1] 같은 진리를 존 던은 이런 기도로 표현했다. "오 주님, 제가 두려워하지 않도록 제게 두려움을 주소서."[2] 두려워하지 않게 두려움을 달라? 하나님 한 분만 두려워함으로 다른 어떤 것도 두려워하지 않게 해달라는 것이다. 어떻게 하나님 한 분만 두려워할 수 있을까? 하나님이 어떤 분인지 제대로 알아야 할 것이다. 성경의 가르침을 통해 알아야 하고, 그 말씀을 자신의 삶에서 경험하여 알아야 할 것이다. 그런 사람은 "사람을 두려워하면 올무에 걸리게 되거니와 여호와를 의지하는 자는 안전하리라"(잠 29:25)고 고백하게 될 것이다.

용감한 기분이 안 들어도 괜찮다

사람을 두려워함에 대해 생각해 봤지만, 요즘처럼 모두가 전 세계적인 전염병에 시달리는 상황에서는 두려움이 만성으로 자리 잡고 있다. 이런 상황을 염두에 두고 챔버스의 지적을 기억해 보는 것은 어떨까. "두려움을 느끼는 것은 세상에서 가장 자연스러운 일일 것이다. 그런데도 우리가 공황 상태에 빠지지 않는 것은 하나님의 은혜가 우리 마음에 임했다는 가장 명확한 증거이다."[3] 그는 두려움을 느껴서는 안 된다고 말하거나 두려움을 느끼는 것을 탓하지 않는다. 그가 볼 때, 그것 자체는 너무 자연스러운 일이다. 그 가운데 무너지지 않는다면 그것이야말로 은혜의 증거임을 기억해야 할 것이다.

아이들이 어릴 때는 악몽을 자주 꾼다. 우리 아이도 어릴 때

© Fred Holmes

홀리트리니티 교회로 들어가는 문

루이스는 지인에게 쓴 편지에서 이렇게 조언했다.

"미래에 있을지 없을지 모를 불행을 생각할 때 용감한 기분이 들지 않는다고 염려할 필요는 더더욱 없습니다. … 무서운 일이 닥치면 하나님이 은혜를 베풀어 도와주실 것입니다. 대개 그런 은혜가 사전에 주어지지는 않습니다. … '일용할 양식'을 구하는 기도는 영적 은사들에도 해당됩니다. 매일매일 그날의 어려움을 감당할 만큼의 도움이 주어집니다. 삶은 하루하루, 매시간 감당해 나가야 합니다."-《당신의 벗, 루이스》에서

루이스가 신앙생활을 다시 시작하면서 이 문으로 들어선 것은 그런 은혜로 들어서는 발걸음이었다.

악몽을 꾼다고 자주 울먹였다. 그럴 때면 나는 기도하라고 말해 주었다. 기도도 해줬다. 그런데 기도해도 악몽은 계속되었다. 어떻게 해야 할까? 악몽을 안 꾸게 해주세요, 이렇게 기도하기는 어려웠다. 내가 알기로 그것은 성장 과정의 일부였다. 그렇다면 그런 기도는 안 들어주신다는 말이 되겠다. 그건 마치 이빨이 썩었을 때도 안 아프게 해주세요, 하는 순리를 거스르는 기도가 될 테니까. 그렇다면 어떻게 하나? 그래서 아이에게 예수님의 이름을 부르라고 했다. 예수님을 그 자리에 초대하라고 했다.

챔버스가 말한 것이 그것이지 싶다. 어떤 의미에서는 두려움 자체가 인간 조건이라는 것이다. 인간으로 하여금 자신의 한계를 깨닫고 하나님을 계속 의지할 계기가 된다고. 두려움은 약하고 악한 우리 인간에게 주어진 삶의 조건이다. 어떤 면에서 우리의 부족함과 약함을 알리는 신호다. 혼자 힘으로 살 수 없다는 신호. 이런 자기 인식이 없는 것을 용기로 오해해선 곤란하다. 예수님이 잡히시기 전의 베드로와 제자들을 보라. 그들은 참으로 용감해 보였고, 스스로도 용감하다고 여겼다. 그러나 막상 위기가 닥치자 그런 것들은 전혀 도움이 되지 않았다.

루이스는 편지에서 다음과 같이 썼다. "용감한 기분이 들지 않는다고 염려할 필요 없습니다. 우리 주님도 다를 바 없으셨거든요. 겟세마네 동산에서 기도하시던 주님의 모습을 떠올려 보십시오. 하나님이 인간이 되셨을 때 강철 배짱의 소유자가 되시지 않은 것이 얼마나 감사한지 모릅니다. … 미래에 있을지 없

75

을지 모를 불행을 생각할 때 용감한 생각이 들지 않는다고 염려할 필요는 더더욱 없습니다. … 무서운 일이 닥치면 하나님이 은혜를 베풀어 도와주실 것입니다. 대개 그런 은혜가 사전에 주어지지는 않습니다. … '일용할 양식'을 구하는 기도는 영적 은사들에도 해당됩니다. 매일매일 그날의 어려움을 감당할 만큼의 도움이 주어집니다. 삶은 하루하루, 매시간 감당해 나가야 합니다."⁴

세 가지 방법

《스크루테이프의 편지》 중에서 한 통의 편지를 가져와 두려움에 대한 글의 마무리로 삼을까 한다. 스크루테이프가 신참 악마 웜우드에게 29번째 편지를 쓸 시점에 웜우드가 맡은 인간('환자')은 제2차 세계대전의 전장에 나가 있다. "독일의 인간들이 환자의 동네를 폭격할 것이 확실한데다가 하필이면 환자가 가장 위험한 지역에서 임무를 수행하게 된 상황"이다.

여기서 스크루테이프는 과연 어떤 전략을 세워야 이런 환경에서 환자의 영혼을 확실히 망하게 할 수 있을지 잘 생각해 보자고 한다. 그는 세 가지 방법을 거론한다.

1. 비겁하게 만든다. 2. 용감하게 만들어서 교만을 유도한다. 3. 독일인(적)들을 증오하게 만든다. 전쟁에 비할 바는 아닐지 모르지만, 코로나19로 전 세계가 위기에 처했던 우리의 상황에 스크루테이프의 전략을 대입해 보는 것도 의미 있을 것 같다.

스크루테이프는 환자를 용감하게 만들어 교만을 유도하는

2번 방안을 먼저 고려한다. 교만이 가장 큰 죄임을 아는 악마에게 그것만큼 좋은 방법은 없을 것이다. 그러나 스크루테이프는 인간을 용감하게 만드는 것은 악마가 할 수 있는 일이 아니라고 실토한다. "위대하고 유능한 악한이 되려면 미덕이 필요"한 줄은 악마들도 안다. 큰 죄를 저지르려면 용기나 금욕 정신 같은 자질들이 있어야 한다. 그러나 악마들에게는 이런 자질들을 직접 공급할 능력이 없다. "다만 원수가 준 자질들을 이용할 수 있을 뿐"이다. 지금과 같은 위기의 시간에 용감하게 자기 책임을 감당하고 아낌없이 자기 것을 나누는 이들의 모습은 참으로 위에서 주신 은혜라 할 것이다. 위기의 순간은 오히려 용기와 사랑, 나눔의 가치가 빛나는 시간이기도 하다. 그에 반해, 자기는 면역력이 높아서 괜찮으니 상관없다고 거침없이 행동하는 일부 사람들의 모습을 용기라고 말할 사람은 없었을 것이다.

3번 방안, 즉 증오는 악마가 그럭저럭 만들어 낼 수 있다. "소음이나 위험이나 피곤에 처했을 때 인간의 신경은 팽팽하게 긴장되면서 격렬한 감정에 빠져들기 쉬운 상태가 되지. 우리는 이런 예민함이 제 길을 찾아 흘러가도록 방향만 잡아 주면 돼."[5] 우리는 이것이 어떻게 현실화되는지 실제로 경험했다. 백신도 치료제도 없는 전염병으로 인한 피해와 긴장, 불안이 얼마나 쉽사리 병의 원인이라고 지목된 특정 인종, 국가, 지역을 향한 증오로 이어지는지 충분히 보고 듣고 경험했다.

스크루테이프는 3번 증오에다 1번 두려움을 섞는 복합 처방을 권한다. "비겁함은 그 어떤 것보다 순수하게 고통스러운 악

77

덕이지. 미리 생각할 때도 끔찍하고, 막상 겪을 때도 끔찍하고, 나중에 뒤돌아볼 때도 끔찍하거든. 증오에는 그래도 쾌락이 따르기 때문에, 겁에 질린 사람은 공포의 참담함을 상쇄하기 위해 증오라는 보상물을 애용하는 법이다. 따라서 두려움이 강할수록 증오도 심해지게 마련이지."[6]

증오가 비겁함의 보상물이라는 지적은 의미심장하다. 두려움이 강할수록 증오도 심해지기 마련이라는 것은, 힘든 상황에서 증오를 드러내는 사람들은 두려움을 주체할 수 없는 약한 사람들이라는 뜻이다. 아, 저 사람들은 지금 무서운 거로구나, 그렇게 생각하면 한편으로 짠한 마음도 든다.

그러나 두려움을 조장하는 일도 악마에게 마냥 쉬운 일은 아니다. 비겁함을 자랑할 만큼 인간이 뻔뻔해질 만하면 "원수(하나님)가 전쟁이나 지진처럼 잡다한 재해들을 일으키"기 때문이다. 전쟁과 지진은 악마에게 유리한 악일 것만 같은데, 어떻게 악마의 입에서 그런 말이 나오는 것일까? 그로 인해 "용기라는 미덕의 아름다움과 중요성이 인간들의 눈에도 한순간에 확연히 드러나 보이면서 그때까지 쏟아부은 (악마의) 수고가 물거품이 되어 버리곤 했"던 탓이다. 그래서 스크루테이프는 환자들에게 비겁함을 불러일으키려 할 때 "그 과정을 통해 인간이 참으로 자신을 알게 되고 혐오하게 됨으로써 결국 회개와 겸손으로 돌아서는 사태를 막아야 한다"고 경계한다.

여기서 스크루테이프는 의미심장한 추측을 제기한다. "참으로 이것이야말로 원수가 위험으로 가득 찬 세계를 창조한 동기

중 하나가 아닌가 싶다. 그런 세계라야 실제로 도덕적인 문제들이 핵심 사안으로 등장할 수 있으니까." 그리고 이어서 인간을 아는 일급 도덕철학자의 통찰을 발휘하여 "용기란 단순히 수많은 미덕 가운데 하나가 아니라 시험의 순간, 즉 가장 첨예한 현실과 마주치는 순간에 모든 미덕이 하나같이 취하는 형태"라고 지적한다. "위험에 굴복하는 순결이나 정직이나 자비는 조건부의 순결이나 정직이나 자비에 불과해. 발라도도 위기가 닥치기 전까지는 자비로운 인간이었지."[7]

여기서 스크루테이프는 "비겁해지도록 유혹하는 실제 기술"을 소개한다. 핵심은 경계심을 부추기라는 것이다. "나는 여기 남아서 이런저런 일들을 해야만 한다"는 간단한 기본 규칙은 잊어버리게 하고, A 사태가 발생한다면 B를 하고, 혹시 B가 안 되면 C를 하고…, 이런 식의 상상을 끊임없이 이어가게 하라는 것이다. 이런 식으로 좀처럼 동시에 일어나지 않을 가상의 대처 방안들을 끊임없이 생각하다 보면 기가 질리고 눌려 버릴 수 있다.

그러나 웜우드의 노력에도 불구하고, 이어지는 30번 편지를 보면 그의 환자가 두려움이 가져오는 '최선의' 결과를 맞이했음을 알 수 있다. 물론 스크루테이프는 그것을 '최악'이라고 불렀다. 첫 공습 때 그는 "너무나 무서웠던 나머지 스스로 엄청난 겁쟁이라고 생각했고, 따라서 교만이 파고들 여지가 없었으며, 그 와중에도 맡은 바 소임은 물론 그 이상의 일을 완수해 냈다." 스크루테이프는 앞선 편지에서 "중요한 것은 공포 자체가 아니라 비겁한 행동이야. 공포의 감정 그 자체는 죄가 아닐뿐더러, 보기엔 즐거워도 소득은 별로 없다"[8]고 신신당부했건만, 그의 주옥같은 조언이 무색해지는 결과이다.

두려움의 문제가 하나의 약점, 악덕에 그치지 않고 모든 미덕의 발목을 잡는 결과를 낳을 수 있다는 것은 참으로 두려운 일이다. 그러나 두려움을 느끼는 순간이 겸손한 자세로 주어진 일을 감당할 수 있는 기회일 수 있음을 웜우드의 환자가 보여 주었다. 그 환자가 보여 준 '최악의 모습'이 우리에게서도 나타날 수 있으면 좋겠다.

6

기도의
두어 가지 문제

청원기도의 문제

허클베리 핀(헉 핀)에게 기도를 가르쳐 준 사람은 왓슨 아주머니였다. 그녀는 헉에게 매일 기도를 드리면 무엇이든 얻을 수 있다고 가르친다. 이 말을 듣고 신이 난 헉이 기도를 해보지만 아무 일도 일어나지 않자 기도의 효력에 의문을 품는다. 청원기도를 기도의 출발점으로, 그것도 '무엇이든' 구하는 대로 얻을 수 있다는 약속을 기도의 출발점으로 삼는 것이 갖는 위험을 잘 보여 준다고 하겠다.

그런데 왓슨 아주머니가 헉에게 가르친 것은 예수님의 말씀에 따른 것이었다. "무엇이든지 기도하고 구하는 것은 받은 줄로 믿으라. 그리하면 너희에게 그대로 되리라"(막 11:24). 이 말씀을 문구 그대로 받는다면 원하는 대로 구하고, 기도하는 대로 받을 줄 믿는 것이 핵심이다. 왓슨 아주머니는 예수님의 말씀대로 기도하라고 가르쳤고, 헉은 그대로 했다가 기도의 효용에 심각한 의문을 품게 된다.

C. S. 루이스는 "청원기도"(《기독교적 숙고》에 게재)라는 글에서 청원기도에 대한 예수님의 이 말씀을 놓고 고민을 털어놓는다. 이유는 크게 두 가지다. 첫째, 헉이 경험한 대로, 이 말씀은 우리의 경험과 전혀 맞지 않기 때문이다. 일단 예수님도 겟세마네에서 기도한 대로 되지 않는 경험을 하신다. 육체의 가시를 제거해 달라고 세 번이나 기도한 사도 바울이 명백히 거절의 응답을 받은 것은 또 어떤가. 루이스는 《개인 기도》에서 이렇게 말한다. "모든 전쟁과 기근과 역병, 거의 모든 임종의 자리가 응답되지 않은 청원기도의 기념비 아닌가."[1]

물론 '무엇이든지'라고 해도 정말 '아무거나'일 수 있다고 생각할 사람은 없을 것이다. 계명을 어기는 기도가 있을 수 없다는 점은 분명하다. 그런 기도는 하나님이 가증하게 여긴다 하셨다. "사람이 귀를 돌려 율법을 듣지 아니하면 그의 기도도 가증하니라"(잠 28:9). 하나님을 무슨 지니처럼 부리려는 기도는 있을 수 없다. 기도는 요청이니까.

그러면 계명을 어기지 않으면서 하나님이 기뻐하실 만한 일이어야 한다고 해보자. 그래도 '무엇이든지' 구하는 대로 된다는 약속을 그대로 받을 수 있을까? 병자를 위한 기도, 성경에 약속된 온갖 명령에 순종하기 위한 기도 등등은 어떤가. 그러나 그것조차 그렇다고 말할 수 없다는 게 문제다. (그뿐 아니라, 루이스는 '무엇이든'에다가 '하나님의 뜻대로 기도하는 것이라면'이라는 단서를 붙이는 것을 달가워하지 않는다. "무엇이든 그대로" 될 거라고 해놓고 거기에 단서를 다는 것에서 마치 놀림을 받는 듯한 느낌이라고 말한다. '하나님이 원하시는 것이라면 무엇이든'이라는 의미라면 그냥 처음부터 그렇게 말씀하시지 굳이 '무엇이든'이라고 하셔서 진짜 무엇이든 다 해줄 것처럼 하셨느냐고 묻는다.)

둘째, 그와는 다른 기도, 즉 예수님이 겟세마네에서 보여 주신 기도의 본이 있기 때문이다. 예수님은 십자가라는 잔을 웬만하면 거두어 달라고 하면서도 "만일 아버지의 뜻이거든" 받아들이겠다고 기도하신다. 이렇게 유보 조항을 달고 기도하는 것이 마땅한 것 같다. 하지만 그렇다면 '무엇이든' 구하는 대로 받을 거라는 말씀, 그와 동일한 "무엇이든지 믿고 구하는 것은 다 받으리라"(마 21:22)는 말씀은 어떻게 이해해야 할까? "만일 너희가 믿음이 있고 의심하지 아니하면 … 이 산더러 들려 바다에 던져지라 하여도 될 것이요"(마 21:21).

루이스는 여기서 말하는 믿음이 '심리적 확신의 상태'를 의미하지 않는다고 지적한다. 강력한 의지를 발휘하고 상상력을 짜내어 만드는 확신을 말하는 게 아니라는 것이다. 그 믿음은 하나님이 주셔야 한다. 그래서 문제는 다시 원점으로 돌아간다. 강연문이었던 해당 글에서 루이스는 이 고민을 해결하지 못했다고 털어놓는다. 그리고 목회자 청중에게 이렇게 물으며 강연을 마친다. "오늘밤 저는 어떻게 기도해야 합니까?"

루이스는 기도를 다룬 최종 작품이자 그가 기도에 대해 했던 생각들을 모두 담아낸《개인 기도》에서 강청의 기도에 대해 두 가지를 말한다. 하나는 바로 위에서 언급한 바이다. 주관적 상태로서의 믿음이라는 확신을 불러일으키려고 해서는 안 된다. 또 하나는, '무엇이든 구하는 대로 주시겠다'는 약속을 기도를 가르치는 출발점으로 삼아서는 안 된다는 것이다. 비유컨대 그 약속은 초석이 아니라 갓돌이다. "우리 대부분에게는 겟세마네 기도가 유일한 본일세. 산을 움직이는 건 나중 일이야."

그렇다면 강청의 기도는 어떻게 봐야 할까? 그는 그 약속에서 말하는 믿음은 "기도하는 자가 하나님의 동역자로서 공동 사역을 위해 필요한 일을 구할 때" 생기는 것이라고 추측한다. "선지자의 기도, 사도의 기도, 선교사의 기도, 치유자의 기도가 바로 그러한 믿음으로 드려지는 기도이고, 기도 응답을 통해 그들의 믿음이 정당한 것이었음이 입증"된다.

두 청원기도의 본에 대한 자신의 생각을 밝힌 후, 루이스는 자신이 씨름하는 문제는 따로 있다고 털어놓는다. "하나님께서 응답하실 수 있든 없든, 우리의 기도에 귀를 기울이시고 참작하실 거라고 믿기 위한 씨름, 심지어 기도를 들으시는 분이 있음을 믿기 위한 씨름"이다. 이 문제를 기도의 효력 문제와 함께 생각해 볼까 한다.

기도의 효력 문제

《세상의 마지막 밤》에 실린 "기도의 효력"이라는 글을 시작하면서 루이스는 두 가지 기도 응답 사례를 소개한다. 하나는 머리를 깎으려다가 일정 변경으로 당장 이발을 안 해도 되었는 데도 자꾸만 이발하러 가야겠다는 마음이 들어서 가보니, 이발사가 그날 루이스 교수가 오게 해달라고 기도했다는 사연이다. 평소에도 상담과 도움을 주던 이발사였고, 그날 루이스가 가지 않았다면 도움을 줄 수 없었을 일이었다고 한다. 또 하나는 전후 사정을 아는 독자라면 아내 조이의 일임을 알 수 있는 사연이다. 뼈가 심각하게 나빠져서 걸을 수 없게 된 여인이 지인의 안수기도를 받고 완전히 회복되었다. 많은 그리스도인들이 공유하는 이런 기도 응답의 경험은 신앙생활에 큰 힘과 격려로 다가온다.

그런데 이런 은혜로운 기도 응답의 사연들을 놓고 루이스는 그답게(!) 묻는다. 이런 사연이 기도에 효력이 있다는, 기도 응답이 이루어진다는 증거가 될 수 있을까? 그건 기도하지 않아도 어차피 될 일이 아니었을까? 이 문제를 생각할 때마다 나는 벌써 십 수년 전에 벌어졌던, 샘물교회 교인들의 아프간 인질 사태가 떠오른다. 문제 해결의 기미는 안 보이고 답답한 상황이 여러 날 계속될 때 인터넷 뉴스에서 이런 댓글을 보게 되었다. "그렇게 여러 사람이 기도해도 풀려나지 못하는 걸로 봐서 하나님이 없다는 게 증명된 거 아니냐?" 충분히 그렇게 생각할 수 있겠다 싶었다. 그런데 그 사람은 이렇게 덧붙였다. "풀려나면 하나님이 도우셨다고 하겠지?"

기도해도 풀려나지 않은 것이 하나님이 기도에 응답하지 않

© 김재완

케임브리지 모들린 칼리지 채플

"저는 대퇴골이 암에 잠식되고 다른 뼈에도 전이된 한 여인의 병상을 지켰습니다. 침상에서 그녀를 옮기려면 세 사람이 달라붙어야 했습니다. 의사들은 살날이 몇 달 안 남았다고 했고, 간호사들…은 몇 주라고 했습니다. 어떤 좋은 분이 그녀에게 안수하고 기도했습니다. 일 년이 지난 후 환자는 걸어 다녔고(바닥이 고르지 않은 오르막 숲길에서), 마지막 엑스레이 사진을 찍은 사람은 이렇게 말했습니다. '이 뼈들은 바위처럼 단단합니다. 기적이군요.'"–《세상의 마지막 밤》에서

사진은 루이스가 케임브리지 대학 재직 시절 예배를 드렸던 모들린 칼리지 채플 내부. 여기서 그는 조이의 병이 낫기를 간절히 기도했으리라.

86

는다. 더 나아가 하나님이 없다는 증거라고 주장하는 것이야 얼마든지 할 수 있는 일이겠지만, 그렇게 주장하려면 풀려날 경우에는 기도 응답이 있다, 즉 하나님이 있다는 결론도 받아들여야 할 것이다. 그런데 댓글을 쓴 사람은 사태가 어떻게 진행되건 상관없이 이미 마음을 정해 놓고 있음을 알 수 있다. 이런 접근법을 루이스는 《스크루테이프 편지》에서 야바위꾼의 문구로 소개한다. Heads I win, tails you lose. head는 동전의 앞면, tail은 뒷면이다. 야바위꾼이 동전을 튕기면서 어수룩한 고객에게 던지는 말이다. "앞면이 나오면 제가 이기고, 뒷면이 나오면 손님이 집니다." 결국 어느 쪽이 나오든 야바위꾼이 이기게 되어 있다. 아프간 인질 사태에 이 속담을 적용하면 이렇게 된다.

	풀려나지 않으면	풀려나면
불신자	하나님이 없다. 기도는 소용없는 짓이다.	협상을 잘했다. 정부가 막 퍼줘서 된 일이다.
신자	하나님의 어떤 뜻이 있을 것이다.	하나님이 기도에 응답해 주셨다.

루이스는 그러면 기도의 효과를 실험으로 검증할 수 있겠느냐고 묻는다. 그런 기사를 본 적 있을 것이다. 어느 병원에서 병자들을 두 그룹으로 나누어 한쪽 그룹을 위해서는 기도하게 하고 다른 그룹을 위해서는 기도하지 않게 해서 경과를 살펴보았더니, 기도를 받은 그룹이 그렇지 않은 그룹보다 몇 퍼센트 상

태가 더 좋았다는. 하지만 루이스는 이 실험에 대해, 그런 상황에서 드려지는 '기도'가 진실한 기도일 수 없다고 평가한다. "환자들의 고통을 덜어 주기 위해 기도하는 게 아니라 무슨 일이 벌어지는지 보려고" 기도한다는 것이다. 루이스는 그것은 기도가 아니라고 잘라 말한다.

루이스는 기도가 그런 식으로 실증이나 반증될 수 없다는 점을 기도가 요청이라는 점에 주목하여 논증한다. 그는 그 작업을 사람들과의 관계에서 요청이 어떤 결과를 낳는지 살펴보는 방식으로 진행한다. 사람들과의 관계에서 요청(휴가 중 이웃에게 고양이 먹이 주기 부탁, 사장에게 임금 인상 요청, 청혼)이 응답될 때, 그것이 내가 요청해서 받은 결과임을 어떻게 알 수 있는가. 만약 그것을 확신할 수 있다면 그것은 '인격적 관계에서' 생겨난다. 그들을 알기 때문에 생겨난 확신이다. 기도도 마찬가지다. 하나님을 알 때 "하나님이 우리의 기도를 언제나 들으시고 가끔은 구하는 바를 허락하신다"는 확신을 갖게 된다.

《기적》의 부록 B에서 루이스는 이 부분을 깔끔하게 정리해 준다. 그는 기도에 대하여 경험적 증명이 불가능한 것이 영적으로 꼭 필요한 일이라고 주장한다. 자신의 기도 때문에 사건이 일어나는 것을 경험적으로 알 수 있다면 사람은 교만해지고 타락할 것이다. 기도는 그에게 주문 비슷한 것이 되고 말리라.

그리스도인은 이러저러한 사건이 기도 때문에 일어났는지 아닌지를 알아내는 일에 관심이 없습니다. 다만 모든 사건은 예외 없이 기도에 대한 응답들이라고 믿습니다. 들어주시든 거절하시든, 하여간 하나님은 관계된 모든 이들의 기도와 그들의 필요를 다 고려하시기 때문입니다. 하나님은 모든 기도를 다 들으십니다. 비록 모든 기도의 내용을 다 들어주시는 것은 아니지만 말입니다. … 여러분이 기도한 그 일이 일어난다면 여러분의 기도가 그 일에 기여한 것입니다. 그러나 그 일이 일어나지 않은 경우에도 여러분의 기도는 그저 무시된 것이 아닙니다. 그것은 고려되었으나 여러분의 궁극적 유익을 위해, 또 우주 전체의 유익을 위해 거부된 것입니다.[2]

기도, 삼위일체의 현장

어떻게 이런 과감한 주장을 할 수 있을까? 그것은 어떻게 되어도 하나님을 믿겠다, 어떤 결과가 나와도 하나님을 붙들겠다는 선언이 아닌가? 인질 사태에 대한 기도 응답과 관련하여 신자의 반응을 생각해 보면, 신자는 인질이 풀려나면 하나님이 도우셨다고 고백할 것이고, 그렇지 않다면 '설령 당장에는 이해할 수 없어도' 하나님의 뜻이 있을 거라고 고백할 것이다. 그렇게 고백할 수 있는 근거, 그래도 믿음을 잃지 않고 "하나님이 들으셨으나 참작하시고 거절하셨다"고 말할 수 있는 근거는 무엇일까?

여러 가지 대답이 가능할 것이다. 예수 그리스도의 사역으로 인해 휘장이 찢어지고 하나님의 보좌 앞에 담대하고 당당하게 나아가게 되었으니, 그렇게 큰 희생을 치르고 가능하게 만드

© 김현일

BBC

루이스는 제2차 세계대전이 일어난 암울한 시기에 BBC의 요청을 받고 기독교를 소개하는 네 세트
의 라디오 방송을 진행했고, 강연 원고를 소책자 세 권으로 펴냈다. 이후 강연 원고를 한데 묶어 《순
전한 기독교》로 출간했다. 자연법 또는 객관적인 옳고 그름에 대한 인식이라는 인간의 보편적 경험
에서 출발하는 이 책은 인간이 삼위일체 하나님의 생명에 동참할 수 있다며 청중을 삼위일체의 삼
중적인 생명이 작용하는 기도의 자리로 은근히 부르다가, 마침내 그리스도께 나아가라고 강하게 초
청한다. 사진은 현재의 BBC.

신 기도를 듣지 않으실 리 없다는 '구속사적' 증명도 가능할 것이다. 하나님이 친히 기도를 듣겠다고 하셨으니 식언치 않으시는 그분의 성실하심에 기댄, 하나님의 속성에 근거한 주장도 가능할 것이다.

나는 《순전한 기독교》에서 루이스가 삼위일체를 설명하는 대목에서 한 가지 답을 찾을 수 있다고 생각한다. 그는 삼위일체에 대해 기하학적 유비를 들어 설명한 후에, 상상도 할 수 없는 그런 존재에 대해 이야기해 보았자 무슨 소용이 있겠느냐는 질문을 예상하고 맞장구를 친다. "그런 이야기는 해보았자 소용이 없습니다. 중요한 것은 실제로 이 삼위일체 하나님의 생명에 이끌려 들어가는 일이며, 그 일은 언제라도—여러분이 원한다면 당장 오늘밤에라도—시작될 수 있습니다." 그리고 그는 놀랍게도 기도에 대해 이야기한다.

제가 말하고 싶은 것은 이것입니다. 한 평범하고 순진한
그리스도인이 무릎을 꿇고 기도하고 있습니다. 그는 하나님을
만나고 싶습니다. 그러나 그리스도인인 그는 지금 이런 기도를
하게 하신 분 또한 하나님이심을, 즉 자기 속에 계신
하나님이심을 알고 있습니다. 또한 하나님에 대한 모든 참된
지식은 하나님이셨다가 인간이 되신 그리스도를 통해 온다는
것, 바로 그 그리스도께서 지금 자기 옆에서 기도를 돕고
계시며 자기를 위해 기도하고 계시다는 사실도 알고 있습니다.
지금 어떤 일이 일어나고 있는지 아시겠지요. 하나님은 지금 이

사람이 기도하고 있는 대상—그가 도달하고자 하는
목표—입니다. 또한 그가 기도하도록 밀어 주고 있는 주체—
원동력—이기도 합니다. 동시에 이 사람이 그 목표를 향해
나아가는 길 내지는 다리이기도 합니다. 이처럼 한 평범한
사람이 기도하고 있는 평범한 작은 침실 안에서도 삼위일체
하나님의 삼중적인 생명 전체가 실제로 움직이고 있습니다.[3]

기도가 삼위일체의 도움과 함께하심으로 가능한 일이라면,
하나님이 우리의 기도를 항상 들으시고 늘 참작하신다는 말은
옳을 수밖에 없다. 이상의 논의가 내게 도움이 되었던 것처럼
누군가가 낙심하지 않고 기도하는 데 조금이라도 도움이 된다
면 이 글이 무용한 것은 아니리라.

7

나를 말해 주는
이야기에 관하여

초여름부터 낙엽이 질 때까지 반년 가까이 한 권의 책을 번역
했다. 다른 번역자와 공역한 것이 그나마 다행이었다. 분량도
내용도 만만치 않은 그 책은 물론 배울 것도 많았다.《그리스도
인은 누구인가》라는 제목의 그 책은 모세에서 시작하여 현대에
이르는 저명한 그리스도인들이 '기독교적 자아'를 어떻게 이해
했는지 밝히고 있다. 나는 종교개혁부터 현대에 해당하는 뒷부
분을 맡았는데, 본회퍼의 자아 이해를 소개하는 대목에서 등장
한 철학자 폴 리쾨르의 주장이 눈길을 끌었다.

　주체의 해체를 말하는 포스트모더니즘이 득세하던 20세기
후반 프랑스 사상계에서 폴 리쾨르는 주체를 포기하지 않았던
기독교 철학자였다. 그는 데카르트식 절대적 주체와 포스트모

던적 주체 해체의 양극단 사이에서 '이야기 정체성'이라는 개념으로 주체의 자리를 확보하려 했다. 사람은 이야기 정체성 안에서 변화무쌍한 인생의 여러 사건 속에서도 자신만의 특징을 확보한다. 이야기는 개인에게나 공동체에나 여러 사건의 의미를 정리해 주고 정체성을 확립해 준다. '누구냐'는 물음에 답하는 것은 삶의 이야기를 들려주는 것이다. 인간의 정체성은 이야기의 정체성이다. 다들 그렇게 해서 자신을 규정하는 핵심 이야기가 있지 않은가.

이 글에서는 그 이야기 정체성에 대해 말하고자 한다. 내 아버지의 이야기와 소설《권력과 영광》, 애니메이션〈도리를 찾아서〉, C. S. 루이스의〈나니아 연대기〉를 통해 논의를 진행할 생각이다. 내가 아는 그 누구보다 명확하게 이야기로 본인의 인생을 정리해 온 내 아버지 이야기부터 해보자.

아버지의 인생 레퍼토리

어릴 때부터 아버지의 인생 이야기를 많이 들었다. 그것은 하나님이 아버지의 인생을 어떻게 도우셨는지 회고하는 이야기들로 구성된 간증이었다. 기회만 나면 빠뜨리지 않고 들려주신 대표적인 이야기로는,

－고등학교 입학시험 도중 답을 베끼겠다고 시험지를 뒷자리로 불쑥 가져간 친구 때문에 부정행위자로 적발되어 시험장에서 쫓겨난 이야기. 아버지는 미션스쿨인 그 학교에 입학하고

자 몇 주 전부터 교회를 다니기 시작한 터였다. 기독교 신자였던 그 친구 때문에 고등학교 입학이 좌절되는 지독한 시련을 겪고도 아버지는 신앙을 잃지 않고, 오히려 하나님이 함께하시겠다는 위로의 말씀을 듣고 신앙의 확신을 얻게 된다.

- 군대에서 식판을 앞에 놓고 기도한 뒤 눈을 떠보니 누가 밥을 가져갔더라는 이야기. 아버지는 국물만 마시고 식당을 나와야 했다고. 그런데 오히려 그 일 때문에 아버지는 주변 사람들에게 '참 신자'로 인정받게 되었고, 이후 군 생활 후반부를 PX 관리 사병으로 지내게 되었다고 한다.

- 어머니와 결혼에 이른 이야기. 당시 아버지는 가진 재산이 하나도 없고 박봉의 생산직에 막 취직한 형편이었다. 그런데 조건 좋은 남자들의 여러 청혼을 거절했던 어머니는 아버지가 신실한 신앙인이라는 이유만으로 아버지를 배필로 선택했다 한다. 어머니를 마음에 두고 있던 다른 청년이 당시 아버지의 월급이 얼마인지 아느냐고 물으며 태클을 걸었지만, 어머니는 "밥 못 먹으면 죽 먹으면 되지요"라고 쿨하게 대답하셨다고. 여기에 초등학교 시절 한동안 같은 반이기도 했던, 부잣집 고명딸에 공부도 그렇게 잘했다던 어머니에 대한 애틋한 추억은 덤이었다.

- 회사에서 사장 표창도 두 번이나 받은 유능한 직원이었지만 회사 구조 조정이 한창일 때(내가 중학생이었을 때) 주일을 지키는 문제로 해고 명단에 올랐으나 하나님의 도움으로 기적같이 회생한 이야기. 주위에서 돌아가는 상황을 지켜보던 직원 한 명이 그런 뜻밖의 결과를 보고 교회를 다니기 시작했다는 이야

기가 곁들여졌다.

수십 년 들었던 이야기다. 고향 집에서 살던 어린 시절에는 물론이고, 상경한 이후에도 고향에 내려가기만 하면 어김없이 그 이야기를 하셨다. 지겨울 때도 많았지만, 아버지는 그 이야기를 하실 때면 활기차고 생기가 도셨다. 레퍼토리를 죽 읊으시면 아버지를 만나서 치러야 할 가정의례를 마친 것 같았다. 아버지는 그 이야기들로 자신을 규정하셨고, 그 사건들은 하나님이 아버지의 인생에 함께하시고 돌보셨다는 생생한 증거의 기억들이었다. 그 이야기가 없는 아버지는 상상하기도 어려웠다.

잘못된 이야기는 무너져야 한다

이야기가 자기를 규정한다고 해서 모든 이야기가 동일한 가치를 가질 수는 없다. 가톨릭 소설가 그레이엄 그린의 대표작 《권력과 영광》에는 잘못된 이야기를 써 나가려다가 위기에 처한 사제가 등장한다. 소설 배경은 1930년대 반가톨릭 성향의 주지사가 다스리는 멕시코의 어느 주. 주인공 사제는 가톨릭을 박해하는 공권력에 쫓긴다. 신앙의 자유가 빼앗기고 다른 사제들은 처형되거나 달아났거나 배교한 가운데, 신자들 곁을 지키며 그 지역에 남은 유일한 사제다. 여기까지만 들으면 신심 깊은 모범 사제일 것 같지만, 그는 알코올 중독자에다가 아이도 하나 있는 타락한 인물이다. 그런데 그런 타락은 모두 신자들 곁에 남는 영웅적 선택 후에 벌어진 일들이다.

우선, 그가 한때는 야심 많은 사제였음을 지적해야겠다. 언젠가는 도시로 진출할 욕심으로 빚을 잔뜩 지고라도 (빚은 후임 사제가 갚으면 되니까) 교회 일을 크게 벌일 궁리만 가득했다. 그가 사제로서 바라는 그림, 그의 사제 경력을 통해 쓰고 싶은 이야기는 오늘날 한국 개신교의 일부 목사들이 원하는 이야기와 별반 다르지 않다. 그런데 사회·정치적 상황이 완전히 달라지면서 그런 이야기는 수포로 돌아갔다.

그는 그런 상황에서 신자들 곁을 지킴으로써 새로운 이야기를 쓰려 한다. "다른 사제들은 다 떠났는데도 나는 남았으니 홀로 청정"한 사제의 이야기. "나는 당당한 사람이니 스스로 규율을 만들 수 있"는 사람이라는 이야기. 그러나 이야기는 그렇듯 그의 뜻대로 근사하게 펼쳐지지 않는다. 공권력에 쫓기게 되고, 그를 대신해 신자들이 괴롭힘을 당한다. 그의 존재 자체가 신자들에게 위협이 된다. 결국 그가 자신을 쫓아온 경위에게 잡힌 후, 감옥에서 나누는 대화를 통해 어떤 일이 있었는지 좀 자세히 들어 보자. 경위가 묻는다.

"정말 이해되지 않는 일이 하나 있는데. 다른 놈들은 모두
도망쳤는데, 그중에서 왜 하필이면 당신이 남은 거지?"
사제가 대답한다.
"언젠가 나도 … 나 자신에게 물어 본 일이 있지. …
사람한테는 느닷없이 두 개의 길, 선행의 길과 악행의 길이
제시되는 게 아니오. 서서히 휘말리게 되는 거지. 처음 1년은,

글쎄 아무리 생각해도 도망쳐야만 할 이유를 찾을 수 없었소.
그즈음 성당은 불타고 있었지. … 어쨌든 난 다음 달만 버텨
보자. 혹시 상황이 나아질지 모르니까, 뭐 그 정도 생각이었지.
그랬던 것인데. 아, 시간이 얼마나 유수처럼 지나가던지. …
그러다 갑자기 돌아보니 주변 몇 십 마일에 남은 사제라고는
나 혼자뿐이라는 걸 깨닫게 됐다는 거 아시겠소?"[1]

여기에 그가 원래 그리던 이야기는 없다. 어쩌다 보니 그렇
게 되었다는 고백. 시간이 얼마나 빨리 가던지, 그는 그렇게 말
한다. 그리고 그는 자신을 못마땅하게 여기던 사제 이야기를 꺼
낸다. 심지가 곧지 못하다고 그를 나무라던 사제. 그런데 그 사
제는 도망쳤다. 그리고 남은 그는 망가졌다. 신경 쓰이는 인물
이 없어져서 방종해진 것이리라.

"그 사제가 옳았소. 그가 떠난 뒤로 나는 엉망이 됐소. … 술을
마시기 시작한 거요. 지금은 나도 같이 도망치는 게 좋았을 것
같다는 생각이 든다오. 그때는 자만심이 너무 컸던 게지.
하느님에 대한 사랑도 없었고. … 다른 사제들은 다
떠났는데도 나는 남아 있으니 홀로 청정하다고 생각했소.
그리고 그건 나는 당당한 사람이니 스스로 규율을 만들 수
있다는 생각으로 이어졌소. … 그러다가 하루는 술에 취해,
너무 외로워서 … 아이를 가지게 됐소. 바로 그런 것들이 모두
나의 자만심에서 나온 것이지. 여기 있었기 때문에 생긴 자만심.

98

나는 남았을 뿐, 쓸모없는 인간이라오. … 떠났더라면 … 더
많은 사람들을 하느님께 인도했을 텐데."[2]

신자들 곁에 남아 있을 용기를 선택한, 홀로 청정한 사제는
어디론가 사라져 버리고, 하나님을 향한 사랑이 아닌 자만심 때
문에 '올바른 것처럼 보이는' 선택을 내렸다는 고백이 흘러나
온다. 그는 남기는 했지만 남았다는 행동 자체만 빼면 쓸모없어
진 자신을 발견한다. 이것이 그의 가장 큰 괴로움이다. 한때 유
행했던 말을 빌리자면 "내가 이러려고 남았나 싶어 자괴감이
드는" 것이다.

그 사제의 '용감한' 선택의 동기가 과연 불순한 것이었는지,
불순한 것이기만 했는지, 그럼 남들처럼 도망갔어야 맞는지 등
의 문제는 올바른 선택이라는 것의 의미를 되돌아보게 한다. 더
욱이 그렇게 (종교적으로 큰일을 이루어서든, 용감한 선택을 하는 것으
로든 자기 의를 드러낼 수 있을 것 같던) 자신의 이야기가 무너지는
과정은 그가 자신의 믿음을 근본부터 돌아보고 은혜를 구할 기
회가 되는 것 같고, 이 측면에 주목해 볼 수도 있을 것이다. 그
러나 여기서는 그런 문제가 나의 주된 관심사는 아니다. 이야기
정체성이 만들어지고 무너지는 과정을 보여 주는 사례로서 그
를 살펴보고 있을 뿐이다.

다른 이야기로 대체되어야 한다
그런가 하면, 이야기 정체성이 이렇게 무너지지 않아도, 한

때는 더없이 정당한 이야기였다 해도 그것이 계속 유효한 것으로 남지는 않는다. 〈나니아 연대기〉 중 《캐스피언 왕자》의 한 대목을 생각해 보자. 한때 옷장을 통해 나니아로 들어가 왕과 여왕으로서 나니아를 다스렸던 페번시의 네 남매가 이번에는 전혀 다른 방식으로 나니아에 빨려 들어온다. 그런데 나니아의 상황도, 그들이 나니아에서 감당해야 할 역할도 이전과는 사뭇 다르다. 특히 《사자와 마녀와 옷장》에서 압도적인 힘으로 적을 몰아내고 나니아를 해방시켰던 사자 아슬란도 그때와 다른 모습으로 나타난다.

예전에는 네 남매가 모두 알아볼 수 있게 등장했던 아슬란이 이번에는 (적어도 처음에는) 막내 루시의 눈에만 보인다. 다른 형제들은 자기들 눈에 보이지 않는 아슬란을 따라가자는 루시의 말을 무시하였고, 결국 그들은 목적지를 찾지 못하고 어려움을 겪는다. 그렇게 헤매다가 피곤에 지쳐 잠든 밤에 루시는 아슬란의 부름을 듣고 그 소리를 따라가 아슬란을 만난다. 기쁨의 재회 후 루시가 아슬란에게 말한다.

"아슬란 님은 더 커졌네요."

"그건 네가 나이를 더 먹었기 때문이란다."

"아슬란 님이 커진 게 아니고요?"

"아니란다. 하지만 네가 나이를 먹을수록 내가 점점 더 커보일 것이다."[3]

그리고 아슬란은 루시에게 잠든 형제들을 깨워 아슬란이 있는 곳으로 데리고 오라는 사명을 맡긴다. 그들이 루시의 말을 믿지 않고 안 오겠다고 하면 혼자서라도 오라고 한다. 막내가 감당하기는 참 어려운, 부담스럽기 그지없는 사명이다. "지난번처럼" 무섭게 으르렁거려 적들을 겁줘서 쫓아내 주기를 기대한 루시에게 아슬란은 "너한텐 힘든 일이겠지만, 세상일이라는 게 똑같은 방식으로 되풀이되지는 않는 법"이라고 말한다. 그리고 아슬란의 갈기에 얼굴을 파묻은 루시는 사자의 힘이 스며드는 것을 느끼고 벌떡 일어나서는 자신이 준비되었다고 말한다. 그런 루시에게 아슬란은 "너는 이제부터 암사자다"라고 말한다. 루시는 더 컸고, 아슬란을 더 잘 알게 되었기에(아슬란이 전보다 커 보이기에) '암사자'가 되어, 즉 사자 역할의 일부를 위임받아 더 많은 역할을 맡게 되는 것이리라. 전의 이야기가 틀린 게 아니고 소중한 것이라 해도, 다른 상황에서는 또 다른 이야기가 필요해지는 것이다.

이야기가 멈춘 지점에서

어머니가 돌아가셨을 때, 아버지가 한번은 "나보고 죽으라는 거냐"고 하셨다. 마음이 너무 힘들고 막막해서 하신 말씀이겠지만, 아버지의 이야기 정체성을 염두에 둔다면 충분히 나올 수 있는 반응이었지 싶다. 하나님 은혜의 산 증거였던 아내의 죽음과 함께 이제 아버지 이야기의 레퍼토리를 이루던 모든 것은 과거의 일, 기억으로만 남는 것이 되지 않았는가. 그리고 밀려오는 엄혹한 현실. 막막함.

그래도 아버지의 레퍼토리는 중단되지 않았다. 어머니와의 결혼 이야기 또한 줄곧 이어졌다. 그런데 7년차인 올해부터 달라졌다. 몇 번 찾아뵈었을 때도 아버지는 그 레퍼토리를 입에 담지 않으셨다. 수십 년 동안, 적어도 내가 기억하는 한 아버지의 입에서 떠나지 않았던 이야기가 중단된 것이다. 이것은 무엇을 의미할까? 하루하루 살아가는 것이 너무 힘드신가. 퍽퍽하신가. 기억이 쇠하고 몸과 마음이 약해지신 건가. 수십 년 아버지를 규정해 온 이야기 정체성이 무너진 것인가? 그럼 이제 무엇이 남았는가.

스스로에게 이 질문을 하던 내게 뜬금없이 디즈니 애니메이션 〈도리를 찾아서〉가 떠올랐다. 그리고 이 애니메이션에 나온 노골적인 삶의 지침도 기억났다. 그 강력한 메시지는 이렇게 요약할 수 있다. '도리라면 어떻게 할 것인가?'

단기 기억상실증에 걸린 도리. 방금 무슨 일이 있었는지 잊고, 자기가 방금 한 말도 까먹고 그야말로 순간순간을 살아간다. 그런데 도리는 그 순간을, 신통할 만큼 한결같고 충실하게 살아간다. 뒷부분에 가면 부모에게 물려받은 부분에다 아버지의 교훈(그것만은 잊지 않았다!)도 큰 몫을 했음을 알 수 있다.

도리와 정반대의 캐릭터, 그러니까 친구인 니모 아빠 말린은 끊임없이 따지고 계산한다. 하지만 우여곡절 끝에 견적이 안 나오는 상황을 만난다. 그때 말린이 묻는다. '도리라면 어떻게 할 것인가?' 그리고 질문의 예상 답안을 온몸으로 따라간다.

그것만으로도 부족하다는 듯, 영화는 도리가 어떻게 선택하고 행동하는지를 관객이 직접 경험하게 해준다. 그 순간 나는 정말이지 도리의 눈으로 세상을 보는 듯했다. 이런 식이다.

어디로 가야 할지 모른다. 주위에는 도움을 청할 다른 물고기도 없다. 그래도 좌절하지 않는다. 도리 식으로 선택하고 나아간다. 휑한 바다와 해초가 있는 지역 중에서 해초 지역을 택한다. 삭막한 것보다는 풀이 있는 쪽이 좋으니까. 바위가 많은 곳과 모래가 있는 곳 중에서 부드러운 모래 쪽을 택한다. 모래가 더 보드라우니까. 도리는 선택의 기로에서 자신의 목소리와 성향을 존중하며 따라간다.

영화는 이렇게 말하는 것 같다. "멀리 보지 못해도 상관없어. 자꾸 까먹어도 괜찮아. 자기 모습에 자책하지 말고, 주저앉지 말고, 안 될 거라 지레 포기하지 말고, 주어진 상황에서 최선의 선택을 내려." 도리에게는 간단한 삶의 원리가 있다. 희망을 잃지 말고("언제나 다른 길이 있다") 기본적인 원리("계속 헤엄쳐")를 따라가라. 영화는 우리에게도 "도리처럼 하라"고 말한다.

그런데 앞에서 소개한 《권력과 영광》의 신부가 한 치 앞이 안 보이는 상황에서 꼭 도리처럼 한다. 아니, 그 소설 전체가 그가 온갖 위기와 어려움 가운데 어떻게 어김없이 도리처럼 선택하는지 보여 주고, 그렇게 해서 그가 어떤 사람인지 보여 준다. 그는 신자들 곁에 남는 선택을 통해 새롭게 드러난 자신의 나약함과 무력함, 자신이 낳은 딸, 하나님을 사랑하지 않는 자신의 모습, 이런 것들을 부정하지 않고 그에 따라오는 온갖 고민과 절망을 그대로 끌어안는다. 그러면서 꿋꿋이 사제로서 살아간다. 기존의 이야기가 다 무너진 상태에서 사제로서 자신을 필요로 하는 곳이면 어디든 가는 선택으로 자신을 지켜 나간다. 사제로서의 역할과 목숨을 부지할 수 있는 길 사이의 갈림길에서도 어김없이 사제의 길을 선택한다. 자신의 부패와 나약함과 두려움을 직시하면서, 자신의 부족함을 인정하면서도 사제를 찾는 이가 있으면 그리로 꾸역꾸역 걸어간다.

아버지도 도리처럼 하시는 것 같다. 아버지가 식사를 하시고 병원을 다니고 성경을 읽고 예배에 참석하는 것 외에 지금도 꾸준히 하시는 일이 하나 있다. 사탕을 들고 나가 지나가는 이들에게 건네며 "예수 믿으라"고 권하는 사탕 전도다. 아버지가 사탕 전도를 시작하신 것은 어머니가 돌아가신 후 그 충격에서 벗어나게 되신 시점과 겹친다. 어쩌면 사탕 전도가 아버지에게 다시 살아갈 힘을 안겨 주었는지도 모른다. 그리고 한평생 자신을 붙들어 온 이야기 정체성마저 희미해진 것처럼 보이는 지금, 아버지는 꾸준히 사탕 전도를 나가는 선택으로 여전히 자신을 지키고 계신지도 모르겠다. 사탕 전도를 나가실 수 있는 날들이 오래오래 죽 이어지면 좋겠다. 그리고 왕년의 이야기를 다시 시작하시면 나는 금세 지겨워하겠지만, 그래도 그 이야기도 다시 하셨으면 좋겠다. 하지만 한 시즌이 끝나 간다는 느낌은 떨치기 어렵다.

ⓒ 박성일

에디슨 산책로

루시가 좋은 이야기라고 할 때는 마법 책에서 읽었던 그 잊어버린 이야기를 연상시키는 이야기였다. '잔과 검과 나무와 푸른 언덕'은 예수 그리스도의 고난과 죽음과 부활, 즉 기독교 복음의 이야기를 압축적으로 담아낸 것이다. 1939년 9월 19일, 루이스는 톨킨, 휴고 다이슨을 저녁 만찬에 초대했다. 저녁 식사 후 세 사람은 에디슨 산책로를 걸으며 은유와 신화의 본질을 이야기했고, 루이스의 숙소로 돌아와 새벽까지 이어진 대화를 통해 루이스는 "2천 년 전에 살았던 누군가(누구이건 간에)의 삶과 죽음이 지금 여기서 우리를 어떻게 도울 수 있는지"에 대한 오랜 의문을 해결할 수 있었다.

그 이야기를 들려주시겠어요?

〈나니아 연대기〉 중 《새벽출정호의 항해》의 한 대목으로 논의를 정리할까 한다. 루시는 마법 책을 읽게 되는데, 거기서 '영혼에 활력을 주는 주문'을 본다. 그런데 그 주문은 주문이라기보다는 한 편의 이야기를 읽는 기분이 들게 하는 특이한 주문이었다. 세 쪽 분량의 그 이야기는 실제처럼 느껴졌고 그림도 사실처럼 다가왔다. 끝까지 읽고 나서 루시는 그것이 지금까지 읽은 이야기와 앞으로 읽을 그 어떤 이야기보다 아름다운 이야기라고 말한다. 그런데 그 이야기를 다시 읽고 싶었지만 마법 책은 페이지가 앞으로 넘어가지 않는다. 다시 읽을 수 없다면 기억이라도 해둬야지 마음먹고 떠올려 보지만, '잔과 검과 나무와 푸른 언덕'에 대한 이야기라는 것만 기억이 난다. 그리고 더는 기억나지 않는다.

그날 이후 루시가 좋은 이야기라고 할 때는 마법 책에서 읽었던 그 잊어버린 이야기를 연상시키는 이야기를 말하는 것이 되었다. 루시가 읽은 이야기는 어떤 걸까? '잔과 검과 나무와 푸른 언덕'에 대한 이야기라니 어떤 이야기인지 짐작이 간다. 그 이야기를 떠올리게 하는 이야기가 좋은 이야기요, 모든 좋은 이야기는 그것을 떠올리게 하는 이야기라는 말도 공감할 수 있다. 앞에서 소개한 내 아버지의 이야기는 그의 영혼을 구원하신 하나님이 그의 인생 가운데 함께하시고 살 길을 열어 주셨다는 이야기였다. 그것이 너무나 감격스러웠기에 아버지는 틈만 나면 그 이야기를 간증하셨다. 아버지의 인생 이야기는 '잔과 검과 나무와 푸른 언덕' 이야기가 전하는 은혜가 그에게 맞춤하게 펼쳐진 사연이라고 해도 될 것 같다.

그러나 우리를 거쳐 나오는 이야기는 나름의 편견과 한계에 갇힌 시각과 삶의 한계가 투영될 수밖에 없는 이야기요, 자칫하면 모종의 성공담과 자기 자랑이 뒤섞일 수 있는 자리이기도 하다. 우리 인생을 규정하는 이야기에서 엉뚱한 잡것들이 섞여 있다면 그런 이야기는 허물어지고 '잔과 검과 나무와 푸른 언덕'을 연상시키는 이야기가 풍성하기를, 우리가 성장하여 아슬란이 더 커 보이기를. 그러다 그렇게 써왔던 이야기의 기억들이 쇠하여질 때가 오더라도 끝까지 '도리처럼' 일관된 선택으로 자신을 지켜갈 수 있기를 바랄 뿐이다. 그리고 마침내, 정말로 가장 소중한 이야기마저 그치고 나 자신마저 그것을 기억하지 못할 때가 올지도 모른다. 그때는 정말이지 우리 손을 떠난 상황일 것이다. 그때는 어떻게 되는 걸까?

루시가 잊어버린 이야기로 애태운 직후 아슬란이 등장한다. 반가운 재회의 기쁨을 나눈 후 루시는 아슬란에게 뭔가 청할 것이 있음을 밝힌다.

"말해 보아라, 사랑스러운 아이야."

"제가 그 이야기를 다시 읽을 수 있게 될까요? 제가 기억할 수 없는 그 이야기를요. 아슬란 님, 제게 그 이야기를 들려주시겠어요? 제발, 해주세요. 해주세요. 꼭 좀요."

이 간절한 소원에 아슬란이 뭐라고 대답했을까? 우리조차 잊어버린 그 이야기를 잊지 않고 기억하고 들려줄 이가 있을까

하는 의문과 두려움에 대한 답이 여기 있다.

"그래, 해주고말고. 앞으로 몇 년이고 해주마."

2부

책에
대하여

1

《천국과 지옥의 이혼》
현세를 비춰 주는
내세 판타지

밀도의 문제

루이스가 신학적 판타지 《천국과 지옥의 이혼》에서 그려 내
는 지옥은 사람들이 불구덩이에서 고통받는 곳이 아니다. 오히
려 생각만 하면 뭐든지 만들어지는 곳, 말하자면 아쉬울 게 없
는 곳이다. 하지만 모두가 자신의 의지를 극단적으로 관철시키
려 하는 탓에 다른 이들과 함께할 수 없어서 시간이 갈수록 한
없이 고립되는 곳이기도 하다.

그런데 지옥 언저리에서 천국 언저리로 떠나는 버스가 있
다. 버스를 기다리는 와중에도, 버스를 타고 가는 동안에도 분
노와 다툼, 욕설, 싸움은 끊이지 않는다. 이야기의 화자(루이스
본인을 모델로 한 캐릭터. 이후 L.)는 다른 승객들과 함께 버스를 타

ⓒ 정인영

이층버스

루이스 당시 영국에서 다니던 버스.

《천국과 지옥의 이혼》에 나오는 천국행 버스도 이렇게 생기지 않았을까?

이층버스는 루이스의 회심에서도 중요한 자리를 차지한다.

헤딩턴 힐로 올라가는 버스 2층에서 그는 한 가지 사실을 깨닫게 되었다.

"무언가가 나에게 다가오지 못하도록 스스로 막고 있다는 사실, 무언가가 내 안에 들어오지 못하도록 스스로 차단하고 있다는 사실을 알게 된 것이다. … 바로 이 순간, 이 자리야말로 자유로운 선택을 내려야 할 때와 장소라는 느낌이 들었다. 문을 열 수도 있었고 계속 닫아둘 수도 있었다.

-《예기치 못한 기쁨》에서

고 천국 언저리로 올라간다.

하늘을 날아 천국 언저리에 도착한 버스에서 내려 환한 빛 속에 선 승객들에게서 L은 눈을 떼지 못한다. "빛 한복판에 완전히 노출되어 있는 그들은 투명했다. 빛을 배후로 서 있을 때는 완전히 투명했고, 나무 그늘 속에 들어가 있을 때는 불투명한 부분이 생겨서 얼룩덜룩하게 보였다." 그들은 유령이었다.

찬연한 공기 위에 묻어 있는 인간 형상의 얼룩이었다. … 나는 그들이 밟고 가는 풀이 휘어지지 않는 것을 보았다. 풀잎에 맺힌 이슬 한 방울조차 흔들리지 않았다.[1]

유령들은 너무나 밀도가 낮아서 투명하게 보인다. 떨어지는 사과 하나만 맞아도 정신을 못 차릴 정도다. 잎사귀 하나를 드는 것도 어렵다. 꽃이 발을 뚫고 솟아오른다.

그런데 그들을 맞으러 오는 사람들이 있었다. 견고한 이들 Solid People이었다. 유령들과 달리 그들이 "강인한 발로 땅을 밟을 때마다 땅이 흔들"렸다. 이들은 어디에서 왔을까? 버스가 도착한 곳이 천국의 언저리라면, 더 깊은 천국이 있었다. "아득히 먼 저쪽, 거대한 구름 내지 산맥 같은 것"이 보였는데, "그 틈으로 가파른 숲과 깊이 팬 골짜기, 까마득한 산꼭대기에 자리 잡은 고산 도시들의 형체"가 언뜻언뜻 보였다. 천국의 주민들은 "산맥에 더 가까이 가기 위해 살고 있다." 하나님께 점점 더 가까이 간다는 것을 보여 주는 이미지겠다.

크기의 문제

그런데 L을 맞이한 조지 맥도널드에 따르면, 유령들을 맞이하러 온 견고한 이들은 그 귀중한 여행을 미뤄 두고 측량할 수 없이 먼 거리를 되돌아온 것이었다. 한 유령이라도 구할 수 있을지 모른다는 기대를 품고서. 하지만 L은 그 정도 선에서 만족하지 못한다. 제대로 하려면 "버스가 출발했던 곳"까지 가야 하지 않겠느냐고, "절벽 가장자리 너머, 큰 만**이 있는 곳"을 거론한다.

그런데 여기서 맥도널드는 뜻밖의 행동을 한다. "여기 좀 보게"라고 말하고는 손바닥과 무릎으로 땅을 짚고 엎드렸다. 그는 풀잎을 하나 뽑아서 그 끝을 지시봉 삼아, 땅에 아주 작게 갈라져 있는 틈을 가리켰다. 그리고 L이 타고 온 버스가 올라온 틈도 이보다 크지는 않을 거라고 말한다.

L은 자신이 버스를 타고 오면서 무한한 심연을 보았고 깎아지른 듯 높은 절벽을 올라왔다고 말한다. 그 절벽 위에 자신이 서 있는 이 나라가 있었다고 항변한다. 그러나 맥도널드는 버스 여행이 단순한 공간 이동이 아니었다고, 버스와 그 속에 타고 있던 일행 모두가 천국 언저리로 가까워질수록 커지고 있었다고 설명한다. 어떻게 된 일일까? 한없이 텅 비어 있던 지옥이 그 작은 틈에 있었다니?

맥도널드는 지옥을 두고 "이 나라, 이 참된 세계의 원자 하나보다 더 작다"고 말한다. 그리고 나비를 가리키며 나비가 지옥을 삼켜 버린다 해도 나비는 느끼지도 못할 것이라고 한다. L은

113

그곳에서 왔기 때문에 이해가 되지 않는다. 거기 가보시면 크게 보일 거라고 항변하는 L에게 맥도널드는 이렇게 단언한다.

> 지옥에 있는 모든 고독과 분노, 증오, 질시와 참을 수 없는 갈망을 다 하나의 경험에 뭉쳐 저울에 올려 놓는다 해도, 천국에서 가장 작은 존재가 느끼는 찰나의 기쁨에도 미치지 못한다네. 선이 선에 충실한 데 비해, 악은 악에도 충실할 수가 없어.[2]

같은 논리로, 지옥에 있는 "저주받은 영혼은 무無에 가깝다. 쭈그러들어 자기 안에 갇혀 버린 것"이다.

보다시피《천국과 지옥의 이혼》에서는 천국과 지옥의 차이를 밀도와 크기라는 두 시각적 이미지로 대비시킨다. 지금 우리에게는 물질이, 우리의 육체와 우리의 욕구와 질투, 욕망, 미움 등의 격한 감정들이 가장 실질적인 것으로 보인다. 그런 것들이 선명하고 거대하게 다가온다. 그런 것들 앞에서 하나님이니 하나님과의 관계니 구원이니 사랑이니 하는 것들은 뜬구름 잡는 소리, 실체가 없는 희미하고 미미한 것들로 보인다.

그런데《천국과 지옥의 이혼》은 천국과 지옥에 대한 판타지적 구성을 통해 그러한 우리의 인식과 시각을 뒤집어 놓는다. 천국이야말로 충만하고 단단하고 크고 거대한 곳이고 그곳 주민은 견고하고 존재감이 가득한 반면, 지옥과 그곳의 주민은 존재 자체가 희미하고 미미하다는 것을 드러낸다. 그럴 수밖에 없는 이유는 끝에 가서 생각해 보기로 하고, 우선은 유령들이 견고한 이들의 초청에 어떻게 대처하는지 살펴보자.

유령들, 천국의 초대 앞에 서다

지옥에서 올라온 유령들은 여러 모로 다양하다. 교육 수준이나 관심사, 생전의 상황, 죽게 된 계기까지 다 다르다. 그들이 천국의 언저리를 방문한 목적도 다르다. 따라서 그들을 맞이하러 온 견고한 이들이 겨냥하는 지점도 다르다.

자신의 투명하고 희미한 모습을 도무지 감당할 수가 없어서 기겁하며 버스로 돌아가는 유령도 있다. 그런가 하면 자신이 생전의 모습과는 완전히 달라졌다는 사실을 인식하지 못한 채 세상에서 하던 대로 자신을 맞으러 온 견고한 이를 유혹하려 들다 여의치 않자 분개하며 버스로 돌아가는 유령도 있다.

L도 알아볼 정도로 생전에 유명했던 화가 유령은 또 어떤가. 그는 천국에서 자기가 개성 있는 그림을 그려서 유명해질 수 있다면 깊은 천국으로 따라갈 의향이 있다고 말한다. 하지만 천국은 유명해질 수도 없고 무언가를 그리기 전에 보고 누려야 할 곳이라는 말에 표정이 굳어진다. 급기야 자신이 죽은 후 세상에서 완전히 잊혔고 퇴물이 되었다는 것을 알자 이 사태를 되돌릴 방안을 궁리하며 버스로 돌아간다.

여전히 세상에서의 지명도와 성공에 연연하고 천국에서도 자신을 드러내 유명해지기만 바라고, 그럴 수 없는 천국이라면 자기는 갈 이유가 없다고 생각하는 화가 유령의 모습은 이 작품을 사후에도 다시 선택의 기회가 주어진다는 식으로 읽는 것이 적절치 않음을 잘 보여 준다. 이 에피소드를 포함하여《천국과 지옥의 이혼》에 나오는 숱한 사례들은 생전에 그들이 어떤 생각과 지향점을 가지고 살았는지 극적으로 드러내는 효과가 있다. 판타지라는 설정을 통해 지금 여기서 우리가 내리는 선택, 우리 관심사의 본질이 무엇인지, 우리의 선택은 과연 무엇을 추구하는 선택인지, 그것이 하나님과 선을 선택하는 일인지 지옥과 자아를 선택하는 일인지 생생하게 보여 주는 것이다.

유명 화가 유령뿐 아니라 남편을 뜻대로 좌지우지했던 아내, 배교한 신학자에 이르기까지《천국과 지옥의 이혼》의 유령들은 자기 뜻대로, 자기 입맛에 맞는 조건으로 천국에 입성하고자 한다. 생전에 살던 대로 천국을 차지하고 주인이 되려고 한다. 그것이 거부당하면 미련 없이 돌아선다. "천국에서 섬기느니 차라리 지옥에서 지배하는 편이 낫다"고 생각한다. 이런 유령들을 지켜보면서 맥도널드는 이렇게 말할 수 있었다.

세상에는 딱 두 종류의 인간밖에 없어. 하나님께 "당신의 뜻이 이루어지이다"라고 말하는 인간들과 하나님의 입에서 끝내 "그래, 네 뜻대로 되게 해주마"라는 말을 듣고야 마는 인간들.[3]

이 세상에 있는 사람들 안에는 이 두 방향성이 혼재되어 있을 것이다. 그렇기 때문에 아직은 기회가 있고 희망이 있고, 또한 늘 자기를 돌아보는 경성함이 필요한 것이겠다. 다시 말하지만《천국과 지옥의 이혼》이 판타지라는 점을 잊어서는 안 된다. 작가는 지옥의 모습을 물리적으로 그려 내는 것, 지옥에 대한 사람들의 호기심을 풀어 주는 것에는 관심이 없다. 판타지라는 구조를 통해서 인간이 어떤 선택에 놓여 있는지 극명하게 드러내어 자신의 선택을 돌아볼 기회를 주려 할 뿐이다. 지금까지 말한 내용을 압축적으로 보여 주는 에피소드를 소개하면서 글을 마무리하려 한다.

사라 스미스 vs. 프랭크

천국 주민과 지옥 주민을 대표하는 두 인물이 대결하는 이 판타지의 핵심 에피소드를 살펴보자. 사라 스미스와 프랭크의 만남이 그것이다.

사라 스미스(이하 '부인')는 단단한 사람 중에도 단연 돋보이는 인물이다. 세상에 있을 때는 알아주는 이 없는 평범한 사람이었지만 "그리스도 안에서 하나님 아버지께 받은 생명"이 그녀로부터 흘러넘쳐 그녀를 만난 사람은 "모두 그녀의 아들딸이 되었다." 그녀의 사랑을 받은 아이는 자기를 낳아 준 부모를 더 사랑하게 되었고, 그녀를 바라본 남자는 그녀를 사랑하고 아내에게 더 충실한 남편이 되었다. "연못에 돌멩이를 던지면 물이 동심원을 그리며 점점 더 멀리 퍼져 나가"듯 영향력을 미치는 것이다.

부인은 허깨비 둘을 맞이하러 나왔다. 키 크고 깡마른 삼류배우 같은 유령이 풍금 연주자가 데리고 다니는 원숭이만큼 자

그마한 유령을 사슬에 묶어 끌고 나온 것이다. 그런데 자세히 보니 난쟁이 유령이 손에 사슬을 들고 있고, 목에 족쇄를 차고 있는 쪽이 삼류 배우 유령이었다. 부인은 난쟁이에게만 말을 건다. 난쟁이의 이름은 프랭크. 세상에 있을 때 둘은 부부였다. 난쟁이 유령은 삼류 배우 유령에게 말을 시켜 부인으로부터 끊임없이 죄책감을 끌어내려 하지만, 부인에게서 흘러넘치는 기쁨과 사랑이 오히려 그에게 영향을 미친다.

그는 그것을 거부하려고 필사적으로 애쓴다. 그의 존재의 핵심은 '남의 동정심을 악용하는 짓'이었다. 그리고 그의 사슬에 묶여 있던 유령은 그가 남의 동정심을 자극하고 악용하기 위해 늘 써먹던 '연기'가 형상화된 것이었다. 점점 작아지던 프랭크는 결국 압도적인 사랑과 기쁨으로 들어오라는 부인의 초대를 한사코 거부하던 끝에 사라져 버리고 배우 유령만 남는다. 그리고 부인에게 몇 마디 건네던 배우 유령은 실체가 없고 거짓에 불과하며 '존재하지 않는 것'이라는 사실이 부인에게 간파당하자 사라져 버린다.

천국과 지옥을 비교하는 척도로 밀도(단단함, 실체성), 크기에 이어 한 가지가 더 추가된다. 지명도, 유명도다. 밀도와 크기의 경우와 마찬가지로 유명함의 척도도 여기서 뒤집히고 있다. 사라 스미스는 세상에서 살 때는 유명한 사람이 아니었다. 이름부터가 그녀의 그런 특성을 잘 보여 준다. 스미스는 '김' 씨 정도 될 것 같고 사라는 영자, 정자, 영숙, 정숙 쯤 될까. 행복한 삶을 살았던 것 같지도 않다. 하지만 천국에서 평가하는 그녀의 삶의 가치와 영향력은 거대한 것이고 너무나도 뚜렷한 것이었다. 그 실체는 천국에서 온전히 드러났다. 그녀의 삶은 정말로 중요한 것이 무엇인지, 무엇을 추구하며 살아야 할지, 무엇을 선택해야 할지 강력하게 보여 준다.

사실성의 원천

앞에서 천국이 충만하고 단단하고 크고 거대한 곳이고 그곳 주민은 견고하고 존재감이 가득한 반면, 지옥과 그곳 주민은 존재 자체가 희미하고 미미할 수밖에 없는 이유를 생각해 보겠다고 했다. 루이스는 《기적》 11장에서 하나님이 "모든 구체적이고 개체적 사물과 사건의 궁극적 원천"이시라고, 즉 "최고로 구체적이고 개별적인 존재"라고 말한다. 왜 그럴까? "추상적이고 일반적 원리가 구체적인 실재를 낳을 수 없기" 때문이다. 성경이 알려 주는 하나님은 "창안하시며 행동하시며 창조하시는" 존재다. "하나님은 모든 사실성의 원천"이시다.

그렇기 때문에 그분에게 가까이 갈수록 또렷하고 존재감을 갖게 되는 것은 당연한 일이다. 그리고 결국은 그분이 알아주시는 것만이 중요하기에, 사라 스미스 같은 사람이 진정한 의미에서 유명한 사람인 것도 당연한 일이다. 루이스는 《기적》에서 하나님을 "말로 표현할 수 없는 것은 그분이 막연해서가 아니라, 모호할 수밖에 없는 인간의 언어로 표현하기에 너무 분명한 분"[4]이기 때문이라고 말한 바 있다. 루이스의 상상력에 힘입어 나는 세상에서 희미하고 작게 여겨지는 천국의 가치와 실재들이 오히려 견고하고 거대한 것이며, 세상에서 유명한 것과는 다른 진정한 유명함이 따로 있을 수 있음을 생생하게 떠올릴 수 있었다. 독자들도 이 책이 주는 반전의 상상력을 통해 색다른 위로와 격려를 맛보시기를 기대한다.

2

《이야기에 관하여》
또 한 권의 성가신
책에 관하여

친애하는 신참에게

너도 알다시피 세상은 규칙적이고 반복적이다. 해는 매일 어김없이 떴다가 지고, 달은 차올랐다가 이지러지기를 반복하지. 그러다 보면 어느새 계절이 바뀌고 해가 바뀐다. 죽은 것 같던 나무에서 푸르른 잎이 솟아나고 또 어김없이 꽃이 피어나지.

그런데 솔로몬이라는 작자는 이런 세상의 순환과 반복을 두고 "만물이 지쳐 있다"고 말한 바 있다. 난 이 대목을 볼 때마다 쓴웃음이 난다. 솔로몬이 자신의 느낌을 세상에 투영한 것이 분명하거든. 하고 싶은 것을 질릴 때까지 다 해본 솔로몬이 권태에 찌든 채 바라본 세상이었기에 그렇게 보인 거라는 말이다.

너무 많은 것을 자기 원대로 다 해보고, 너무 많은 자극을 경험해 본 그였기에 섬세한 차이, 미묘한 변화, 미세한 설렘, 이런 것들을 감지할 능력을 상실해 버린 거다. 그래서 늘 보던 그 해, 그 달, 그 강물이 숱한 세월 동안 늘 하던 일을 늘 똑같이 하는 것을 보니 '애들도 힘들겠다' 하는 생각이 든 것이지. 웃기지 않느냐?

솔로몬이 세상을 이렇게 나른하고 피곤에 찌든 곳으로 이해해서 인간들의 염세주의에 불을 질렀다면, 현대에 와서는 인간들이 또 다른 식으로 세상을 바라봤다. 세상의 반복성을 세상이 생명 없는 기계장치라는 뜻으로 이해한 거야. 태엽을 감으면 그냥 저절로 째깍째깍 돌아가는 시계처럼 말이지. 시계가 저절로 생겨날 리가 없고, 태엽은 또 누가 감았느냐는 질문은 철 지난 '목적론적' 사고방식이고 유비적 사고방식이라고 무시해 버리게 만든 것도 우리 동료들이 거둔 큰 성과이기는 한데, 지금 생각해도 그게 통했다는 게 신기하긴 하다.

그런데 체스터턴이라는 작자가 《정통》이라는 책에서 엉뚱한 소리를 해서 유혹자들을 긴장하게 했지. 일정한 주기로 반복해서 돌아가는 세상의 모습이 생명력의 증거라고 폭로한 거다. 인간 아이들이 자라는 모습을 지켜봤다면 너도 알 거다. 아이가 어릴 때 많이 하는 말이 바로 "또 해요!"라는 것을.

또, 또, 또. 아이는 질리지도 않고 들은 이야기를 또 들려 달라고 하고, 했던 놀이를 또 하자고 한다. 불렀던 노래를 끝도 없이 불러 댄다. 그런데 그것은 경험의 부족으로 모든 것이 신선한 탓도 있겠지만, 힘이 있어서 가능한 것이다. 반복을 감당할 수 있는 것은 생명력의 증표다. 생명의 에너지가 넘쳐야 "또 해요!"가 가능하다.

체스터턴은 죄로 늙어 버린 인간들과 달리 원수는 늘 젊다는 것을 폭로했다. 어떻게 알 수 있느냐고? 지칠 줄 모르고 만물을 향해 '다시 해!'라고 명하지 않느냐. 날마다, 달마다, 해마다. 그토록 오랜 세월 동안.

힘차게 떠오르는 태양과 도도히 흘러가는 강을 보며 피로감을 느낀 솔로몬의 모습은 인간의 판단이 얼마나 자신의 상태와 감정, 경험에 좌우되는지 잘 보여 주는 사례라고 하겠다. 대부분의 인간들이 정말 태양과 강을 보고 피로감을 느꼈다면 그렇게 수많은 인간들이 태양과 강을 신으로 섬겼겠느냐? 인간들은 참 갖가지 방향으로 길을 잘못 드는 재주가 있으니, 그걸 잘 활용하면 못할 일이 무엇이랴 싶다.

힘찬 태양과 도도한 강을 보고 그것을 창조한 원수를 찬양했던 프란체스코 같은 작자의 반응은 요즘 잘 보기도 힘들거니와 그런 반응이 간혹 나타나도 주관적 감정의 분출 정도로 무시하게 만드는 것도 쉬운 일이 되었지. 그리 오래 되고도 영원히 젊고 생명력 넘치는 원수가 내뿜는 그 무지막지한 존재감을 인간들이 느끼지 못하는 건 그들이 몸을 가진 존재이기 때문이다. 그들의 영혼은 얼마나 둔감한지 모른다. 원수가 어떤 의도로 그런 잡종들을 창조했든, 우리에게 그것이 온갖 성과를 거둘 수 있는 조건인 것만은 분명하다.

사설이 길었다만, 언젠가는 한번 얘기해 두어야 할 것 같아서 이번 기회에 짚어 봤다. 요즘 유혹자 대학에서는 뭘 가르치는지 신참들의 끔찍한 무지에 깜짝깜짝 놀라게 되는 일이 한두 번이 아니라서 말이다. 이제 본론으로 들어가 보자. 이번에도 책 얘기다. 또 책 얘기냐고, 요새 누가 책 읽느냐고, 유튜브가 대세라고 이죽대는 네 모습이 눈에 선하구나. 꼰대니 어쩌니 하는 너의 뒷담화도 귀에 쟁쟁하고. 네놈처럼 아직 머리에 유황도 안 마른 젊은 것들이 하는 말이 늘 그렇지만, 그건 하나만 알고 둘은 모르는 소리지. 유튜브니 뭐니 해도, 결국 깊은 정보들은 여전히 대부분 책에 담겨 있다는 거 정말 몰라서 그러는 거냐? 깊이 있는 내용일수록 더 그렇지. 유행에 민감하고 매체에 휘둘리는 인간들을 흉내 내는 것도 아니고, 뭘 하자는 건지.

얼마 전에 나온 C. S. 루이스라는 작자의 《이야기에 관하여》라는 책 이야기를 하려는 거다. 그 작자의 책은 이제 그만 나올 때가 한참 지났다 싶은데, 아직도 나오다니 징그럽구나. 가끔 보면 정말이지 끝까지 가는 놈들이 있다. 적당히를 모르는 놈들이지. 이제 하다하다 그자의 취향이 짙게 드러난 문학 에세이 모음집까지 내다니. 이게 왜 문제가 되는지는 뒤에 가서 얘기하도록 하마.

이 책은 한마디로 책벌레 루이스가 문학작품(이야기)들을 다룬 글만 모아 놓은 거다. 그가 어떤 작품들을 읽어 왔는지, 어떤 책들이 그의 관심을 끌었는지, 그리고 그런 책들에서 그자가 어떻게 원수가 기뻐할 만한 내용이나 도구들을 찾아내어 영리하

© 박성일

보들리안 도서관

옥스퍼드의 보들리언 도서관. 중세·르네상스 영문학자 루이스는 이곳에서 주요 저서 《사랑의 알레
고리》와 《16세기 영문학》을 집필했다. 《사랑의 알레고리》 첫 쪽에는 루이스의 주요 테마 하나가
이렇게 나와 있다. "인간은 열차가 기차역들을 통과하듯 여러 시기를 통과하지 않는다. 살아 있는
인간은 언제나 움직이지만 어떤 것도 뒤에 남겨 두지 않는다."

125

게 써먹었는지 분석할 수 있는 좋은 자료가 담겨 있다. 어떤 책이든 매체이든 절대적으로 안전한 것이 없다는 사실을 다시금 확인하고 경각심을 갖게 해주지. 원수가 인간들을 자기에게로 끌어오기 위해 물불 안 가리고 앞뒤 따지지 않는 뻔뻔하고 파렴치한 존재임도 다시금 드러난다. 이 책에서 내가 주목하고 싶은 두 가지는 우정과 취향이다.

책과 우정

책 읽기나 책 쓰기는 얼마든지 우리에게 유리한 작업이 될 수 있다. 《보바리 부인》에 나오는 엠마를 기억하느냐? 그 여자는 말도 안 되는 환상과 낭만을 채우는 용도로만 책을 사용했다. 그래서 책을 읽을수록 현실과는 멀어지고 자신에게 주어진 것이 한심해 보였던 거다. 책 읽기가 가장 바람직한 결과를 낳은 경우라 할 수 있지. 무슨 일이든 결국 그 일이 인간을 자기 안에 갇히게 하고, 자아를 강화하고 이기적 욕구를 확대 재생산하게 만드는 것이라면 환영할 만한, 아니 적극 조장해야 할 일이지. 책을 쓰는 일도 마찬가지다. 자기 입맛에 맞는 내용만 취사선택해서 책을 쓰면서 자기 안에 더욱 더 갇히고 자기 세계라는 감옥의 죄수가 되는 경우가 얼마나 많은지 모른다.

그런데 이 책에 실린 몇 편의 글에서 사심 없는 우정의 역겨운 냄새가 나서 욕지기가 절로 나왔다. 읽고 쓰는 일이란 오롯이 혼자 하는 고독한 작업이건만, 루이스란 작자에게 읽기와 쓰기는 항상 친구들과 함께하는 작업이기도 했다. 그자는 자신이 읽은 책을 편지와 대화에서 끊임없이 거론했고, 자신이 쓴 원고를 친구들에게 읽어 주고 반응을 들었다. 그자의 문학 활동이 '잉클링즈'라는 모임과 긴밀히 연결되어 있었다는 사실은 너도 알고 있겠지?

연인들은 서로를 바라보고, 친구들은 나란히 공동 관심사를 바라본다고? 친구를 원해서는 친구를 얻지 못하고, 함께 나눌 것이 있어야 한다고? 우정은 제3의 무엇을 같이 보기에 상대를 더 잘 알게 되며, 함께 '책 읽고' 논쟁하는 것이 대표적인 사례라고? 루이스 본인의 경험에서 나온 이런 주장들이 얼마나 유해한지 모른다. 친구니 우정이니 하는 건 다 서로가 자신의 이득을 위해, 써먹기 위해 이합집산을 거듭하는 외로운 존재들이 그런 현실을 가리기 위해 씌우는 얄팍한 라벨에 불과한 것이라고 냉소하던 자들이 루이스의 우정관을 접하고 진짜 친구를 기대하고 그러다 자칫 만나기라도 한다면, 그로 인해 그들이 어디까지 이르게 될지 누가 알겠느냐?

루이스의 친구였던 또 다른 몹쓸 인간 톨킨이 《반지의 제왕》 탄생과 관련하여 루이스에게 받은 도움에 대해 뭐라고 썼는지 아느냐? "나는 그에게 갚을 길 없는 큰 빚을 졌습니다. 그것은 흔히 말하는 영향이 아니라 아낌없는 격려였습니다. 오랫동안 그는 나의 유일한 청중이었지요. 내 글이 개인적 취미 이상의 작품이 될 수 있다고 생각한 것은 오로지 루이스 덕분이었습니다. 그의 끊임없는 관심과 다음 이야기를 들려 달라는 재촉이 없었더라면 나는 결코 '반지의 제왕'을 끝마치지 못했을 것입

니다." 우정이 얼마나 유해한 것이 될 수 있는지, 이 책에 실린
루이스의《반지의 제왕》서평으로 다시금 확인하게 된다.

친구였던 도로시 세이어즈의 추도 예배용으로 쓴 찬사도,
이미 세상을 떠난 친구 찰스 윌리엄스의 소설을 다룬 글도 그
자들과의 우정을 생각할 때 불쾌하긴 마찬가지다. 몹쓸 글은 진
공상태에서 등장하지 않는다. 몹쓸 글 배후에는 관계와 사연이
켜켜이 쌓여 있다. 그것을 다 알지 못해도 몹쓸 글은 충분히 나
쁜 영향을 끼칠 수 있지만, 조금이라도 알면 그 영향은 더욱 더
커진다. 그러니 네가 그렇게 무시하는 '책'이라는 매체를 결코
가볍게 여기지 말도록.

취향

취향 이야기를 하기 전에《이야기에 관하여》에 서평이 실린
《아크투르스로의 여행》이야기를 잠깐이라도 해야겠다. 루이
스는《천국과 지옥의 이혼》에서도,《스크루테이프의 편지》에
도《아크투르스로의 여행》의 장치들과 발상을 제멋대로 가져
다가 원수를 위해서 써먹은 바 있다. 그런데 루이스가《아크투
르스로의 여행》의 철학이나 세계관에 동의할 수 없었기에 '악
마적'인 책이라고까지 불렀다는 데 주목해야 한다. 그렇게 거북
하게 여기면서도 거기 담긴 장치와 문학적 기법 등을 효과적으
로 자기 작품에 가져왔다는 건데, 이런 망할 놈의 '약탈' 행위는
그 자체로도 마음에 들지 않지만, 이런 행태를 따라하는 자들이
또 나올까 봐 더욱 우려스럽다. 자기와 생각과 철학이 다른 책

이라면 그냥 거북하게 여기고 던져 버릴 것이지, 그 기법과 장치 등의 가치와 장점을 알아보고 원수를 위해 활용하는 노회함이라니, 마음에 들지 않아.

루이스의 취향으로 뒤범벅된《이야기에 관하여》가 무슨 문제가 되느냐고 시큰둥하게 묻는 자들이 있더구나. 개인적 취향은 취향일 뿐이지 않느냐, 취향이 모든 것을 정당화하는 시대가 된, 지금 루이스가 전하려던 '진리'도 실은 다 취향의 문제일 뿐이라고 퉁치는 전략에 매진하면 되지 않느냐, 이렇게 볼멘소리를 하더구나. 사탄 맙소사! 그런 느슨한 자세로 제대로 된 유혹자 노릇을 기대할 수 있겠느냐? 좋다. 루이스의 취향이 어떤 고약한 열매를 맺었는지 몇 가지만 나열해 보마.

외계인을 적대적 존재로만 그리던 과학소설의 관행에 반기를 든《침묵의 행성 밖에서》, 시험과 타락의 주제를 전혀 새로운 장소에서 그려 낸《페렐란드라》, 과학을 절대시하고 윤리를 거부하는 과학주의와의 대결을 그린《그 가공할 힘》으로 구성된 '랜섬 3부작'은 루이스가 과학소설을 즐겨 읽지 않았다면 나올 수 없었을 것이다. 그 책들은 과학소설이라는 옷을 입고 있지만 그 안에는 원수를 가리키는 내용이 가득하거든. 자연주의와 유물론의 시각을 벗겨 내고 아이와 같은 눈으로 세상을 보게 만들고 구원과 미덕, 믿음의 삶에 대한 위험한 이단적 주장이 가득한 판타지 〈나니아 연대기〉는 그자가 판타지 열독자가 아니었다면 나올 수 없었을 것이다.

보통 취향은 그저 인간 개인에 의해 소비되는 지극히 사적

129

이고 한가한 취미에 그친다. 물론 그것을 잘 부추기면 취향이라는 이름으로 온갖 죄악과 폭력을 정당화할 수도 있지. 그런 취향의 잠재력을 부인할 유혹자가 어디 있겠느냐. 하지만 루이스라는 작자 안에서 인간의 취향마저 이렇게 고약한 결과물로 악취를 풍길 수 있는 것을 보며, 우리 유혹자들이 인간의 취향 문제를 너무 안일하게 생각했던 것은 아닌지 돌아보게 된다. 혹시 《이야기에 관하여》를 보고 누군가 본인의 취향에 대해서 원수가 기뻐할 만한 비슷한 결과를 훨씬 작고 소박하게나마 기대하게 된다면 어떻게 되겠느냐. 원수가 자신의 뜻을 이룰 때 인간에게 소원을 두고 행하게 한다고 했던 바울이란 작자의 말을 잊었느냐.

뭐? 지금 한국에서는 이미 대세가 기울었는데 뭘 그런 사소한 책 나부랭이에 연연하고 있느냐고? 그렇게 혼자 이죽거리면 모를 줄 아느냐? 하! 교회가 무너질 것 같고 기독교가 이제 끝장났다고 때 이른 축배를 들다가 뒤통수를 맞았던 숱한 과거를 잊었단 말이냐? 교회가 무너지기라도 할 것처럼 그렇게 흥분하지 마라. 이천 년간 정말 그런 적이 있더냔 말이다. 기껏해야 앞뒤로 수년, 수십 년밖에 못 보는 인간들이야 당장의 상황에 일희일비할 수 있다고 해도, 유혹자들이 그러면 안 되지. 우리가 한두 세기 살아왔느냔 말이다. 여기서 겨우 큰불을 잡았다 싶으면 생각지도 못했던 곳에서 여기저기 불씨가 옮겨붙어 새로운 부흥이 일어나곤 했단 말이다. 그렇기 때문에 큰 사건들에 연연할 것이 아니라 인간 개개인의 심령에서 벌어지는 일에 주목해

130

야 하는 거다. 그런 것에 은근히 영향을 끼치는 해악에 대처해
야 하는 것이고.

숱한 명언을 남기신 스크루테이프 형님 말씀을 되새겨 줘야
하겠느냐? "중요한 것은 네가 환자를 원수에게서 얼마나 멀리
떼어 놓느냐 하는 것 한 가지뿐이다." 이건 정말이지 바깥에서
벌어지는 정치적 사건들, 큰일들에 넋 놓고 침을 흘리는 유혹자
들의 대가리를 갈기는 죽비와도 같다. 예루살렘 성전이 무너지
고 이스라엘 백성들이 바벨론으로 끌려갈 때 그렇게 열에 들떠
서 방심하다가 어떤 일이 벌어졌느냐? 그 가운데 진정한 회개
와 변화의 기운이 일어나지 않았더냐. 모든 것이 우리 뜻대로
돌아가는 것 같을 때일수록, 이런 일들이 원수가 '허락한' 일이
라는 점을 명심하고, 원수의 어떤 모략이 숨겨져 있는지 더욱
경계해야 할 때라는 걸 결코 잊지 말도록.

다음에는 유혹자로서 '일'을 제대로 하고 있음을 증명하는
보고서를 쓰는 게 좋을 게다. 그렇지 못할 때 '책임을 묻는다'는
게 뭔지 확실히 알게 될 테니. 확인하고 싶으면 한번 시험해 보
든가.

지옥 직속 한국 유혹자 관리팀장

3

《순례자의 귀향》
갈망과 이성과 미덕의
삼 겹줄

존은 소작인들이 지주에게 땅뙈기를 받아 부쳐 먹으며 사는 땅
퓨리타이나의 주민이다. 그는 지주가 집사들을 통해 전해 준 규
칙을 지키(려 애쓰)며 산다. 그런데 어느 날 서쪽의 '섬'을 보게
된다. 보다 자세히 말하자면, 먼저 음악 소리가 들렸고 낭랑한
목소리를 들었다. 그 목소리는 이렇게 말했다. "오너라." 그리고
그는 아름다운 섬을 보았다.

　한동안 존은 그 소리와 풍경이 주는 달콤함과 갈망을 즐길
뿐이었다. 그러나 우여곡절 끝에 섬 풍경과 그에 따라오는 갈망
은 그 자체를 즐기라고 주어진 것이 아니라 섬을 찾아 나서라
는 초청임을 깨닫게 된다. 존은 그 초청에 응하여 섬을 찾아 떠
난다.

C. S. 루이스가 그리스도인이 된 후 첫 번째로 쓴 책《순례자의 귀향》은 이렇게 해서 섬을 찾아 나선 존의 순례 길을 따라간다. 이 섬은 특정한 갈망을 가리킨다. 이 갈망에는 두 가지 특징이 있다. 첫째, 강렬하고 채워지지 않는데도 추구하게 된다. 둘째는 고유의 미스터리다. 이것은 세상에서 그것을 대신할 대상을 찾을 수 없는 갈망이다. 다른 것으로 오해하기 쉽지만 세상의 어떤 것도 이 갈망을 채워 주지 못한다.

영국의 신학자 알리스터 맥그래스에 따르면, 바로 이 갈망의 "참된 기원, 목적, 목표를 추구하는 탐색으로 보면" 이 책의 "내용을 가장 잘 이해할 수 있다." 그러다 보니 이 책에는 "이 갈망을 이해하기 위한 잘못된 시도들 및 이 갈망의 진정한 대상에 대한 오해로 점철된" 인간의 경험, 즉 "가면 안 되는 길들"이 잔뜩 등장한다.

루이스는 나중에 이 갈망에다가 '기쁨 joy'라는 이름을 붙였다. 루이스가 후년에 가서 쓴 영적 자서전의 제목은 그래서《예기치 못한 기쁨》이었다. 존이 섬을 보고 섬을 찾아 순례에 나선 것처럼, 루이스는 '기쁨'을 추구하다가 철학적 탐구를 거쳐 신앙의 길에 들어선다.《순례자의 귀향》의 이해를 돕는 최고의 안내서가《예기치 못한 기쁨》인 이유도 여기에 있다.

《순례자의 귀향》에서는 주인공 존이 섬을 찾아가는 이야기로 그 갈망(기쁨)을 좇아가는 인간의 여정을 표현한다. 섬에 대한 갈망을 동력으로 떠나는 순례에서 존을 이끌어 준 안내자가 이성 Reason 이고, 그와 동행하는 캐릭터가 미덕 Vertue 이다. 이

세 가지 키워드로《순례자의 귀향》의 큰 흐름을 잡아 보자.

섬(갈망)에 대한 잘못된 반응

루이스는 여러 다른 글에서도 이 갈망을 다룬다.《영광의 무게》가 그 주제를 다룬 에세이라면, 〈나니아 연대기〉에 나오는 말하는 생쥐 리피치프는 평생 이 갈망에 이끌려 사는 캐릭터다. 하지만 루이스의 가장 친절한 설명은《순전한 기독교》에서 소망을 다룬 대목이지 싶다.

처음 이국異國을 그려 볼 때, 또는 처음 흥미로운 과목을 배울 때 속에서 솟구치는 갈망은 결혼이나 여행이나 배움으로 채워질 수 없는 갈망입니다. 흔히 말하듯 그 결혼이나 휴가 여행이나 배움이 성공적이지 못할 때에만 그런 것이 아닙니다. 그 결혼이나 여행이나 배움이 최고의 것일 때도 그렇습니다. 그 갈망을 처음 느낀 순간에는 잡을 수 있을 것 같았는데 결국은 현실 속에서 사라져 버리고 마는 무언가가 있습니다. … 아내가 훌륭할 수도 있고, 여행 가서 묵은 호텔이 아름답고 경치가 빼어날 수도 있으며, 화학 연구가 흥미로울 수도 있습니다. 그런데도 무언가 아쉬운 것이 있습니다.[1]

우리는 다들 어떤 욕구에, 어떤 목표나 흥미에 이끌려 그것을 추구하며 살아간다. 그런데 그것이 무엇이 되었든, 그 목표를 달성하고 나면 만족을 얻는가? 웬만큼 살아 본 사람은 그렇지 않다는 것을 안다.

이에 대해 루이스는 두 가지의 잘못된 대처 방식을 소개한다. 첫째, 어리석은 사람의 대처 방식이다. 다른 여자, 더 호화로운 여행 등을 하면 모두가 추구하는 신비한 무언가를 얻을 수 있으리라 생각한다. 그러다가 권태와 불만에 빠지고 말지만, 다시 다른 곳으로 눈을 돌리며 늘 이번에야말로 '진짜'라고 생각한다. 그리고 매번 실망한다. 이 여자 저 여자, 이 나라 저 나라, 이 취미 저 취미로 옮겨 다니느라 일생을 탕진한다.

둘째, 환멸에 빠진 지각 있는 사람의 방식이다. 그는 모든 것이 환상이라는 결론을 일찌감치 내린다. 그리고 이렇게 말한다. "어렸을 때는 누구나 그런 감정을 느끼는 법이지. 하지만 내 나이쯤 되면 무지개 끝을 좇는 일 따윈 그만두게 된다네."

존의 순례 여정은 섬을 찾아가던 그의 앞길을 막은 협곡('아담의 죄')을 기준으로, 협곡을 건너기 전의 여정과 건넌 후의 귀향길로 나눌 수 있다. 그리고 협곡을 건너기 전까지 존이 만나는 이들은 길 북쪽과 남쪽으로 크게 양분된다.

북쪽은 감정, 직관, 상상력을 의심스러워 하는 사고방식들이다. '이성적'이고 '엄격한 체계'의 영역이다. 남쪽은 감정의 도취 상태를 선사하는 이들을 환영한다. 북쪽이 "느껴진다는 이유만으로 모든 느낌을 의심"하는 이들이라면, 남쪽은 "느껴진다는 이유만으로 모든 느낌을 정당화"하는 이들이다. 남쪽과 북쪽 사람들이 섬을 대하는 자세는 위에서 말한 '갈망'에 대한

ⓒ 정인영

옥스퍼드 모들린 칼리지

루이스의 연구실이 있던 옥스퍼드 모들린 칼리지의 뉴빌딩. 루이스는 《순례자의 귀향》에서 그려 낸 여정을 따라간 끝에 《예기치 못한 기쁨》에서 이렇게 고백하게 된다.

"모들린의 방에 혼자 있을 때, 일만 잠시 놓으면 그토록 피하고 싶어 했던 그분이 꾸준히, 한 치의 양보도 없이 다가오시는 것을 밤마다 느껴야 했던 내 처지를 상상해 보기 바란다."

두 가지 잘못된 대처 방식에 각각 대응한다.

섬과 지주, 협곡

섬을 찾아 순례에 나선 존은 여러 가지 경험 끝에 마침내 지주를 인정하기에 이른다. 자신의 한계를 인정하고 지주를 찾게 된 그에게는 고민이 찾아왔다. 섬에 대한 갈망에 이끌려 거기까지 왔는데, 이제 섬을 어떻게 생각해야 할지 모르게 되었기 때문이다.

> 지주가 돌아오면서 섬이 들어설 자리가 싹 사라졌다는 생각이
> 들었다. 여전히 그런 곳이 있다 해도 그는 더 이상 영혼을 다
> 바쳐 그것을 찾을 자유가 없고, 지주가 마련해 둔 계획을
> 따라가야 할 판이었기 때문이다. ⋯ 그의 내면 가장 깊은
> 갈망이 세상의 가장 깊은 본질에 들어맞지 않는 것 같았다.[2]

그러나 존은 이 난감한 상황을 해설해 주는 이를 만난다. 절벽의 동굴에 사는 '역사'라는 은둔자다. 그를 통해 존은 섬에 대한 생각을 정리한다. 지주가 자신을 알리기 위해 목자들(이스라엘 백성)에게는 규칙(율법)을, 이교도들에게는 그림(신화)을 보냈다는 것이다. 섬은 지주가 보낸 그림 중 하나이기에 환각이 아니다. 그림의 공통점은 "모종의 메시지"다. "완전히 이해할 수 없다 해도 그 메시지가 이 욕망을 일깨워 사람들이 세상의 동쪽이나 서쪽의 무엇인가를 갈망하게 만드"는 것이다.

© Fred Holmes

홀리트리니티 교회 정면

헤딩턴 쿼리에 있는 홀리트리니티 교회.

루이스는 1931년 성탄절에 이곳에서 유년 시절 이후 처음으로 성만찬을 받았다.

그러나 지주를 인정한다고 해도 여전히 존의 앞에는 큰 장애물이 놓여 있었다. 자기 힘으로 건널 수 없는 거대한 협곡이다. 순례의 앞부분에서 협곡을 건너게 해주겠다는 마더 커크의 제의를 거절하고 다른 길을 부지런히 찾았던 존은 결국 마더 커크의 도움을 받아들인다.

협곡을 건넌 존과 미덕은 안내자의 인도를 받는다. 안내자는 존에게 서쪽의 섬이 곧 지주의 성(동쪽 산의 정상)이라고 말한다. 그리고 섬이 곧 산의 반대쪽이기에 그리로 가기 위해서는 왔던 길로 되돌아가야 한다고 알려 준다. 그리하여 '순례자의 귀향'이 시작된다. 협곡을 건넌다고 다른 곳으로 가게 되지 않는다. 그리스도인이 된다고 해서 별세계로 보내지는 것이 아니다. 이전에 걷던 길을 다시 걸어야 한다. 하지만 이전의 길을 다른 방향으로 걷게 된다. 그리고 안내자의 말대로 "돌아가는 길에는 땅이 전혀 다르게 보"인다.

이성 理性

존이 섬을 찾아 떠난 순례에서 갈망의 "거짓 대상들을 하나하나 밝히고 거짓임이 드러나면 단호히 내버리는 과정"에서 핵심 역할을 하는 것이 '이성'이다. 존의 여정을 이끄는 동력이 섬에 대한 갈망이라면, 그 여정을 돕는 인도자는 이성인 셈이다. 사실 존이 사람들의 이야기를 듣고 판단을 내리는 데는 이성이다 필요하겠지만, 《순례자의 귀향》에는 갑옷을 입고 말을 탄 기사 모습의 캐릭터 이성이 '따로 등장'하는 세 대목이 있다.

첫째, 이성은 시대정신에게 포로로 잡혀 있던 존을 구해 준다. 이성이 시대정신을 퇴치하고 그자의 거짓을 폭로할 때 쓰는 통찰은 이후 루이스의 글에서 자주 활용되는 것들이다. 당연하게 받아들이던 시대정신을 벗어나는 길이 올바른 이성 사용에 있다는 주장은 의미심장하다.

둘째, 존은 자신이 협곡을 건너게 될(즉, 그리스도인이 될) 위험에 임박했음을 깨닫고 더럭 겁이 난다. 지주의 수중에 떨어진다는 두려움에 몸부림치다가 잠에서 깨어난다. 절벽에 있는 동굴에서 나와 되돌아갈 생각을 한다. 아니, 그 정도가 아니라 "무슨 일이 있어도 … 두 손과 무릎이 까지도록 기더라도 … 어떤 고생도 감수"해서 돌아가려 했다. "계속 가다가는 다음 번 모퉁이를 돌자마자 적의 권력 심장부로 떨어질지도 모를 일이었"기 때문이다.

그때 불쑥 나타난 이성이 칼을 빼들고 묻는다. "싸우고 싶어요?" 존은 이성의 칼끝을 피해 서둘러 동굴 속으로 돌아간다. 존은 합당한 논증을 따라 협곡을 건너기 직전의 자리까지 이르렀고, 그곳이 그에게는 "논증이 이끄는 곳"이었던 사실을 인상적으로 보여 주는 대목이다.

셋째, 협곡을 건넌 "그들이 걷는 내내 이성이 줄곧 옆에서 말을 몰며 자연스럽게 말을 걸었고, 갑자기 나타나 놀라게 하거나 홀연히 사라지지 않았다." 이성이 신앙의 동반자라는 루이스의 생각이 잘 드러나는 장면이다. 그리스도인이 되는 것이 비이성적, 또는 반이성적인 일이 아닌 것처럼, 협곡을 건넌 신자로서의 삶도 이성과 동떨어진 삶, 뜬금없이 논리를 끌어대다가 불리하면 갑작스럽게 추론을 중단하는 행태를 보이지 않는다고 본 것이다.

미덕의 고민

미덕은 인간의 '도덕적 의무감'을 구현한 캐릭터다. 그는 "규칙은 당장 기분이 내켜서가 아니라 규칙이기 때문에 지켜야 한다"고 말한다. 목적지를 모르면서 하루 몇 킬로미터 이상 간다는 '스스로의' 규칙을 따르는 캐릭터다. 초반에 존은 미덕을 버리고 미적 경험을 따라간다.

존은 시대정신의 감옥에서 벗어난 후에 미덕과 재회하지만 둘은 곧 거대한 절벽 앞에 선다. 루이스는 이 대목을 "존은 착하게 살기로 마음먹지만 금세 어려움을 만난다"고 해설한다. 협곡 근처에서 두 사람은 마더 커크를 만난다. 그러나 협곡을 건너게 해주겠다며 "내 말대로 해야 한다"는 마더 커크의 말이 거슬린 미덕은 이렇게 선언한다. "난 누군가의 명령을 받는 위치를 원하지 않거든요. 난 내 영혼의 선장, 내 운명의 주인이 되어야 해요."

이후 미덕은 줄곧 존과 동행한다. 그런데 미덕은 북쪽 '창백한 이들'의 오두막에서 지내다가 협곡을 건널 길이 있는지 확인하러 북쪽으로 더 올라갔다가 '야만인'을 만난다. 그런데 야만인을 만나고 온 그는 크게 흔들린다. 야만인의 모습이 왜 그렇게 혼란을 안겨 준 것일까?

어떤 뇌물과 위협에도 흔들림 없이 오롯이 자기 의지와 규칙에 따라, 누구의 도움도 받지 않고 나아가는 것이 미덕이 추구하는 순례의 자세였다. 그래서 야만인을 만났을 때 의지를 극한까지 밀어붙인 그 철저함에 매료되어 야만인 곁에 남을 생각까지도 했다. 하지만 자기 의지를 극한까지 밀어붙인 야만인의 모습은 아름답기는커녕 인간성을 포기한 상태에 가까웠다. 규칙을 지키고 의지로 밀어붙여서 이를 수 있는 극한점을 보고온 미덕은 전진할 힘을 잃어버린다. 눈앞이 캄캄해진 탓이다.

어떻게 딜레마에서 벗어났나?

선택에 근거한 임의적 규칙의 한계를 자각하고 막막해진 미덕은 꼼짝도 못하게 된다. 한동안 그는 존이 주는 것을 먹고, 존이 이끄는 곳으로 간다. 그러다가 지혜의 집에서 건강을 회복하고 규칙은 인간이 "발견했을 뿐 만들지 않았"다는 것을 배운다. 기존 규칙을 거부하는 사람들이 만드는 "새로운 규칙들도 옛날 규칙들과 본질적으로 같"다는 것도 알게 된다.

지혜의 설명을 듣고 미덕은 규칙이 외부에서 주어진 것임을 받아들이게 된다. 그런데 규칙의 자리가 확고해지고 객관적이되면서 규칙을 지키는 문제가 크게 다가온다. 그의 내면에 규칙을 지켜야 한다는 마음과 "지키고 싶지 않은 마음"이 공존하는 것도 알게 된다. 규칙을 제멋대로 정해서 의지로 밀어붙이고 살아갈 때는 몰랐던 사실이다.

미덕은 지혜의 가르침을 자기 식으로 받아들여, 규칙은 반드시 지켜야 하는 것이지만 자신의 몸, 아니 자신의 존재야말로 규칙을 지키지 못하게 막는 가장 큰 장애물이라는 결론을 내린다. 그래서 미덕은 자기 몸을 더 혹독하게 몰아붙이고 "모든 즐거움을 다 잘라내"겠다고 길을 나선다. 존이 함께 가자고 따라나서자 돌까지 집어던지며 거부한다.

멀찍이서 미덕의 뒤를 따라가던 존은 절벽 길에서 오도 가도 못하게 된다. 이런 위기 가운데 그는 지주의 도움을 받고 그리스도를 만나게 되는데, 이 장면에서 그리스도와 존이 나누는 대화에서 미덕이 협곡을 건너는 선택을 내린 상황의 단서를 찾을 수 있다. 여기서 존이 하는 말은 사실 존 안에 있는 미덕이 한 말이기 때문이다. 존은 그리스도에게 자신이 "스스로의 힘으로 사는 존재가 아니며, 어떤 의미에서는 결국 제 위에 지주가 있다"는 말씀이냐고 묻는다. 그리스도는 그렇다고 대답하며 왜 놀라느냐고 되묻는다.

"규칙을 지킬 마음이 없었느냐? 지킬 마음이 있었다면, 그 규칙을 지킬 수 있게 해주는 존재가 있다는 사실을 두려워할 필요가 있느냐?"

존이 말했다. "제가 규칙을 온전히 지킬 마음은, 그러니까 다 지키거나 늘 지킬 마음은 없었던 것 같네요. 하지만 어떤 면에서는 지킬 마음도 있었던 것 같습니다. 손가락에 박힌 가시와 같다고 할까요."

그리스도는 존의 이 두 비유를 듣고 웃으며 말한다.

"나를 아주 잘 이해하고 있구나. 하지만 중요한 것은 가시를 빼는 일이지."[3]

존과 미덕은 함께해야 한다

존은 갈망을 따라가 그 근원이자 갈망을 채워 줄 분을 만났다. 미덕은 규칙을 지키려다 자신의 한계를 깨닫고 규칙의 기원이자 규칙을 지킬 수 있게 할 분에게 굴복해야 했다. 존은 원하는 바를, 미덕은 해야 하는 바를 따른다. 둘 다 필요하다. 그래서 그리스도는 존에게 떠나간 미덕을 따라잡으라고 말한다. "두 사람은 같이 있어야 한다. 그래야 둘 다 회복될 수 있다."

하지만 존과 미덕은 서로 잘해 보자고 다짐한다고 해서 잘지낼 수 있는 관계가 아니다. 그들을 화해시킬 한 분의 도움을 받아야 한다. 그리고 마더 커크에게 가야 그분에게 이를 수 있다. 이교도와 목자(구약 이스라엘)를 화해시킨 그분 말이다. 그분이 한 사람 안에서도 갈망과 의무감의 화해를 이루어 내실 수 있다. 그 은혜를 누리기 위해서는 협곡을 건너야 했다. 자기 힘으로 할 수 없음을 인정하고 죽어야 했다. 둘은 함께 협곡 바닥의 연못 속으로 뛰어든다.

협곡을 건넌 후에도 둘의 동행은 끝나지 않는다. 유혹과의 싸움도 마찬가지다. "자급자족, 떳떳함, 남에게 기대지 않는 자세"는 여전히 미덕에게 유혹거리가 된다. "섬에 데려다주지도 갈증을 오래 잠재워 주지도" 않지만 목마르니까 색욕의 잔을 마시라는 마녀의 유혹은 존에게 강력한 힘을 발휘한다. 진정한 갈망의 대상을 알았어도, 갈망을 채워 주지 못하는 거짓 우상들의 유혹은 여전히 존재한다.

그래서 두 사람 모두 용과 싸워서 그 힘을 빼앗아야 했다. 존은 북쪽의 차가운 용과 싸워서 강해져야 했고, 미덕은 남쪽의 뜨거운 용과 싸워 열기를 훔치고 유연해져야 했다. 두 사람이 용과 싸우는 대목을 그들이 싸워야 했던 유혹과 연결 지어 생각하면 오히려 위로가 된다. 포기하지 않고 싸우면 그 과정에서 강해지고 유연해짐을 보여 주기 때문이다. 그러다 보면 이전에는 도무지 이길 수 없을 것 같던 어떤 유혹들도 유혹거리가 아니게 되는 날이 올 것이다.

사실인가 당위인가

앞에서 이성이 협곡을 건넌 이들과 나란히 서서 가는 장면을 기억하는가? 그런데 그 대목은 사실을 서술한 것일까, 당위를 기술한 것일까? 이성과 아예 담을 쌓은 비논리와 억지의 화신 같은 신자들이 있지 않은가? 미덕에 대해서도 같은 질문이 가능하다. 미덕이 신앙 안에서 규칙(도덕)의 근거와 규칙을 지킬 힘을 얻게 된다는 부분은 어떨까? 부도덕한 신자들이 얼마나 많은가? 아니 그 정도까지는 아니더라도, 자신이 이성적이고 도덕적으로 일관성 있고 떳떳하다고 내세울 사람이 누가 있겠는가? 이것에 대해 두 가지 답변이 떠오른다.

첫째, 협곡을 건넌 사람은 지주가 원하는 순종의 첫걸음을 내디딘 사람이다. 그것은 순종의 완성이 아니라 시작이다. 죽음

145

의 시작이라고도 할 수 있겠다. 그렇기 때문에 협곡을 건넌 존과 미덕에게 안내자가 이런 충고를 한 것은 의미심장하다. "죽음은 너무 질겨서 한입에 다 먹을 수가 없어요. 앞으로 생각보다 그 개울을 자주 만나게 될 거예요. 그때마다 그 개울을 영원히 건넜다고 생각할 거고요. 하지만 언젠가는 진짜 그런 날이 올 겁니다."[4]

둘째, 협곡을 건넌 후에도 존과 미덕을 괴롭히는 유혹이 있고, 그들은 용과 싸워야 했다. 역사가 한 말을 떠올려 보자. "발이 올바른 곳에 자리를 잡으면 손과 머리도 조만간 올바른 자리로 오게 되지. 그 반대로 되는 것이 아니라네."[5] '조만간'이 얼마나 걸릴지는 모르지만 그때가 반드시 온다는 것이 신자의 믿음이다. 따라서 이 문제를 현실과 당위의 이분법이 아니라 '약속'과 '성취', 그리고 그 사이의 싸움과 인내라는 관점에서 바라볼 것을 제안하고 싶다.

갈망, 도덕, 이성의 삼 겹줄

은둔자 역사는 섬에 대한 갈망이 존을 지주에게 이끌었다며 이렇게 말했다. "애초에 그분에게서 나온 것만이 그분에게로 돌아갈 수 있네." 이것은 갈망에만 해당하는 말이 아니다. 갈망이 그 근원이자 갈망을 채워 줄 분인 지주께로 존을 이끌었듯, 규칙도 그 근원이자 규칙을 지킬 수 있게 하시는 분에게로 미덕을 이끌었으며, 이성은 이 나라(세상)와 도로(논리 규칙)를 만드신 "이성적인 어떤 존재"에게로 존과 미덕을 이끌었다. 《순례

146

자의 귀향》은 갈망, 도덕, 이성의 삼 겹줄로 인간을 자신에게
이끄시는 지주의 역사役事를 생생하게 증언한다.

4

《그 가공할 힘》
자기 마음을 지키는
싸움의 중요성

《그 가공할 힘》은 C.S.루이스의 SF 3부작(주인공의 이름을 따서 '랜섬 3부작'이라고도 한다.) 중 3편이다. 전편인 《침묵의 행성 밖에서》와 《페렐란드라》에서 화성과 금성을 무대로 펼쳐졌던 선악의 대결이 이제 지구에서 펼쳐진다. 국가에서 막대한 권한을 부여 받은 국가공동실험연구소(이하 국공연, 또는 벨버리)가 권력과 과학과 마법을 사용해 사회와 인간을 개조하려는 사악한 계획을 추진하고, 랜섬이 이끄는 소수의 무리가 그들의 음모에 맞선다.

핵심 주제로 보자면 《그 가공할 힘》은 《인간 폐지》와 짝을 이룬다. 루이스는 《인간 폐지》에서 자연법(도덕률, 따라야 할 궁극적인 것, 객관적 진리, 객관적 삶의 질서)을 도道라고 부르고 그 정당성을 강력히 옹호한 바 있다.《그 가공할 힘》에서는 그러한 도를 극단적으로 부정하고 자신들의 입장을 무지막지한 방식으로 세상에 관철시키려는 국공연 세력을 반면교사로 등장시켜 동일한 주장을 입체적이고 생생하게 그려 낸다.

랜섬이 3부작 전체를 아우르는 핵심 인물임은 분명하지만, 《그 가공할 힘》에서는 신혼부부인 마크 스터독과 제인 스터독이 이야기의 전면에 나선다. 제인 스터독은 예지몽이라는 특별한 능력 때문에 작품 속 선악의 무리 모두가 관심 갖는 중요한 인물이다. 마크 스터독은 대학교수였다가 국공연의 일원으로 영입된다. 이 글에서는 마크 스터독에 집중할 것이다.

마크는 루이스가 그의 에세이 "내부패거리"에서 다룬 주제인 '내부패거리에 들고 싶은 욕망'의 화신이다. 일단 내부패거리가 무엇이며, 내부패거리에 들고 싶은 욕망이 왜 문제가 되는지, 마크 스터독은 그 욕망을 어떻게 구현하고 있는지 살펴볼 것이다. 그리고 그 욕망이 그를 어떤 자리로 내몰았는지, 그 과정에서 그가 무엇을 알게 되었는지 따라가 보자.

내부패거리

내부패거리는 모든 인간 집단에 다 있다. 공식적인 조직은 아니지만 사람들이 모여 있는 곳이라면 어디에나 있다. 루이스는 "어떤 병원이나 학생 기숙사, 교구, 학교, 기업체나 칼리지에 가더라도 그곳에서 분명 패거리들을 보게 될 것"이라고 단언한다. 내부패거리를 아름다운 현상이라고까지 할 수는 없겠지만

149

그것은 "불가피하고 딱히 뭐라고 나무랄 수 없는 삶의 한 부분"
이다.

이건 너무나 자연스러운 것이다. 끌리는 내부패거리가 사람
마다 다를 수는 있겠으나 그런 욕구 자체가 없는 사람은 찾기
힘들다. 루이스는 "사람의 삶에서 가장 두드러지는 요소 중 하
나가 주위의 패거리에 들고 싶은 욕구와 바깥에 남겨지는 상황
에 대한 두려움"이라고 믿는다. "이것은 모든 사람이 적어도 특
정한 시기에는 겪으며, 대부분 어릴 때부터 아주 나이가 많이
들 때까지 벗어나지 못하는 욕구와 두려움"이다.

루이스가 이 욕구와 두려움을 문제 삼는 이유는 두 가지다.
첫째, "내부패거리에 들고 싶은 열정은 아직 그다지 나쁘지 않
은 사람을 그 어떤 열정보다 능숙하게 조종해 아주 나쁜 일들
을 하게 만"들기 때문이다.

여러분 가운데 십중팔구는 여러분이 악당이 되도록 이끄는
선택의 순간을 맞게 될 것입니다. 그 순간은 … 나쁜 사람처럼
보이는 이들이 눈에 보이는 방식으로 위협하거나 뇌물을 주는
상황은 아닐 것입니다. 그보다는 음료수나 커피 한 잔을
들면서, 두 농담 사이에 샌드위치처럼 끼워져서 아무것도 아닌
얘기처럼 찾아올 것입니다. … 엄격하게 말해 페어플레이
규칙에 들어맞지 않는 일을 제안하는 암시일 것입니다. …
여러분의 새 친구는 그것이 …"우리가 언제나 하는" 일이라고
말합니다. 만약 여러분이 끌려 들어간다면, 그것은 이득이나

편안함을 원해서가 아니라 … 다시 차가운 바깥 세계로 튕겨 나가는 것을 참을 수 없기 때문입니다. … 만약 여러분이 끌려 들어간다면, 다음 주에는 규칙에서 조금 더 멀리 떨어진 일이, 다음 해에는 좀 더 멀리 떨어진 일이, 더없이 유쾌하고 다정한 분위기에서 벌어질 것입니다.[1]

마크는 정확히 이런 선택의 순간을 계속해서 맞이한다. 그 때마다 그는 어김없이 내부패거리로 더 깊숙이 들어가는 선택을 내린다. 그들의 주장이 이상하게 들려도, 심지어 사람이 죽어 나가도 마찬가지였다. 국공연으로 아내를 데려오라는 미심쩍은 요구를 받고도 '국공연의 일원'이라는 것이 주는 특권과 만족감에 안주하여 그 말대로 하려고 한다.

그가 국공연의 내부패거리에 얼마나 경도되어 있었는지 보여 주는 대목이 많지만 하나만 꼽아 보자. 그는 국공연의 핵심 인물인 프로스트의 지시대로 아내의 행방을 알아내기 위해 랜섬 측의 사람인 딤블 교수를 찾아간다. 그런데 딤블 교수는 자신들의 목적을 위해선 살인도 불사하는 사악한 국공연의 실체를 알고 있었고, 마크가 어떤 상태인지도 꿰뚫어 보고 있었다. 그러면서도 마크에게 기회를 주고자 국공연을 빠져나갈 길을 제안하며, 그러자면 즉시 떠나야 한다고 말한다. 그러나 마크는 딤블 교수의 제안을 거부하고 시간을 갖겠다며 그와 헤어진다. 그러면서 "힘들게 벨버리(국공연) 핵심 그룹에 끼었는데 그 자리를 잃"어서는 안 된다고 생각한다.

루이스가 내부패거리주의를 경계했던 두 번째 이유는 그것이 결국 실체가 없기 때문이다. "이 욕망의 지배를 받는 동안에는 원하는 것을 결코 얻지 못할" 것이다. 그것은 마치 "양파의 껍질을 벗기는 일과 같기" 때문에 "성공한다 해도, 아무것도 남지 않을" 것이다. 그러면 어떻게 해야 할까? 루이스는 두 가지를 조언한다. 하나는 직업적으로 자신이 해야 할 일 자체에 몰두하는 것이다. 그러면 얼마 안 가서 "정말 중요하고 유일한 집단 내부에 들어 있음"을 발견하게 될 것이다. 그 집단은 그 직업의 존재 목적에 부합하는 일들을 할 것이기에 합당한 존경을 받게 될 것이다. 또 하나는 "남는 시간에 좋아하는 사람들과 그냥 어울"리는 것이다. 그러면 자신이 '진짜 내부'에 들어와 있음을 발견하게 될 것이다. "한 무리의 중심에서 아늑함과 편안함을 누리고 있을 것"이다. 그것은 우정이다.

내부패거리의 유혹에 대한 환멸과 집착

그러나 마크가 이전까지 추구했던 내부패거리들이 여기서 말하는 대로 양파 껍질처럼 '실체가 없는' 것이었다면 국공연의 내부패거리는 달랐다. 그들에게는 명확하게 사악한 목표가 있었고, 그 목표를 위해 마크를 깊숙이 끌어들여 이용할 생각을 하고 있었다. 프로스트는 딤블 교수를 만나고 나오는 마크를 국공연에서 조직적으로 진행했던 살인 사건의 범인으로 몰아서 체포한다. 그제야 마크는 그동안 애써 외면하고 있던 진실, 즉 국공연이 어떤 곳이고 그곳의 핵심 멤버들이 어떤 존재인지를

152

ⓒ 김현일

런던 대학 킹스칼리지

루이스는 친구들과 잉클링즈라는 모임을 만들어 정기적으로 모여 문학과 삶을 이야기했다. 내부패거리의 유혹을 이기는 비결, "남는 시간에 좋아하는 사람들과 그냥 어울"리는 것은 그가 실천한 삶의 방식이기도 했다. 그래서 그는 자신이 '진짜 내부'에 들어와 있음을 발견했고, "한 무리의 중심에서 아늑함과 편안함을" 누렸다. 그는 우정의 사람이었다. 사진은 '내부패거리' 강연장이었던 런던대학 킹스칼리지의 채플.

실감하게 된다. "그들은 모두 그의 적이었고, 그의 희망과 두려움을 갖고 놀면서 그를 노예 상태로 만들었다"는 깨달음이 찾아온다.

그리고 마크는 이런 선택이 처음이 아니었으며, 그의 인생은 늘 모종의 내부패거리에 들기 위해 자신을 가장하고 좋은 사람들을 버리는 선택의 연속이었음을 깨닫는다. 그리고 이렇게 자문한다. '(내부패거리에 들기 위해 하는 일이 아니라) 내가 재미있어 하는 일을 해본 게 언제였던가? 좋아하는 사람들과 어울린 건 언제였나? 언제 좋아하는 것을 먹고 마셔 보기는 했나?'

하지만 마크는 국공연에서 자신이 내부패거리에 들고 싶은 고질적인 욕망 이상의 막강한 세력과 상대하고 있음을 깨닫게 된다. 일명 '매크로브'와 그 추종자들이다. 매크로브는 국공연의 배후에 있는, 인간보다 우월한 존재들이다. 동물의 하위 단계에 미생물(마이크로브, '마이크로'는 작다, '매크로'는 크다는 뜻이다)이 있는 것처럼, 그 상위 단계에 있는 존재들이 매크로브다. 매크로브는 인류의 일부를 선택하여 소통하고 자기들의 수하로 부리고 나머지는 제거하려 한다.

마크는 매크로브에 대한 프로스트의 이야기를 들었을 때 우선, "이들을 믿지 않겠다고, 다시는 미끼를 덥석 물어 협조하지 않겠다"고 각오한다. 그러나 다른 한편으로 "무시무시하게 강한 감정, 널빤지를 삼키는 파도 같은 욕망"도 느낀다.

여기가, 마침내 여기가 (그의 욕망은 그에게 이렇게 속삭였다) 모든

154

것의 진짜 내부 '동맹'이었기 때문이다. 인류를 중요시하지 않는 패거리…. 궁극적인 비밀, 최고의 능력, 마지막 입문. 완전히 공포스럽다는 사실이 조금도 매력을 감소시키지 않았다. 공포감이 부족한 것은 어떤 것도 지금 그의 관자놀이를 두드려 대는 짜릿한 흥분을 만족시킬 만큼 강렬하지 못할 것이다.[2]

프로스트는 마크를 이런 상태로 내버려둔 채 자리를 비운다. 내부패거리에 들고 싶은 유혹은 아직도 마크에게 그늘을 드리우고 있다.

마크, 도움을 청하다

혼자 남겨진 마크는 앞으로 있을 일에 두려움도 느끼지만 한편으로는 가뿐한 마음도 느낀다. 그것은 '묘한 해방감'이었다. "더 이상 이들의 신뢰를 얻으려고 애쓰지 않아도 된다는 해방감과 비참한 희망을 내던지는 것"은 들뜬 기분을 안겨 줄 정도였다. 그리고 자신이 "저들과는 다른 편"이요, "제인과 그녀가 상징하는 모든 것과 같은 편"이라는 생각이 들었다.

프로스트의 초대를 거부한 자신의 용기에 스스로 감탄하며 자신이 무엇을 거부한 것인지 떠올린다. "인간 생명의 경계를 넘어 … 세상이 시작된 후로 사람들이 찾으려 애쓰던 것으로의 초대 … 역사상 가장 용기 있는 무한히 비밀스런 끈을 건드리는 일"이었다. 예전 같았으면 얼마나 끌렸을까, 하고 생각하던 그에게 "빛의 속도로 어떤 갈망이 그의 목구멍을 휘감았다."

개가 생쥐를 물고 흔들 듯 마크를 쥐고 흔든 이 갈망을 화자는 정욕lust이라고 부른다. 여기에는 두 가지 특징이 있다. 첫째, 이것에 사로잡히면 우주 전체가 시시해진다(화자는 여기에다 '탈주술화'라는 표현을 쓴다. 마법에서 깨어나게 만든다는 뜻이다). 그 정욕 앞에서는 사랑, 야망, 허기도 다 "애들 장난감처럼" 보인다. 둘째, 변태자에게 변태가 무서운 것이라고 말해 봐야 소용없다. 이 정욕에 따라오는 공포감은 양념 같은 것이다. 매크로브들은 인류와 모든 기쁨에 죽음의 기운을 불어넣었지만, 오히려 그런 사악함이 마크를 그들 쪽으로 끌어당기고 매혹했다. 순리를 거스르는 움직임의 마력 앞에서 "마크는 만족감에 몸을 떨었다."

마크는 국공연의 손에 곧 죽게 될 것이 분명한 자기 처지를 자각하고서야 자신이 방금 무슨 생각을 한 것인지 깨닫는다. 국공연 사람들을 신뢰하지 않겠다고 했던 단호한 결심이 순식간에 무너진 것을 깨닫고 그는 깜짝 놀란다. 그리고 "일종의 공격을 당했으며 아무런 저항도 못했다"는 것을 인식하게 된다.

이 대목에서 마크는 자신의 한계를 인식하는 경험을 한다. 이제 국공연의 실체를 파악하고 비로소 제인의 편, 올바른 편을 선택했건만, 그 선택을 유지할 능력이 자신에게 없음을 깨닫게 된 것이다. 이제야 착해지려 하는데, 우주가 도와주지 않는 것 같아서 절망한다. 그와 더불어 찾아오는 냉소적인 생각. 그는 자신이 간신히 벗어난 영향력에 다시 사로잡히는 느낌을 받는다. 그것은 견딜 수 없는 일이었다. 급기야 그는 누구든, 무엇이든 자신을 도와 주기를 바란다. 그리고 말한다. "아, 그러지 말아요. 내가 그 상태로 돌아가게 내버려두지 말아요!" 그리고 더큰 소리로 외친다. "그러지 마세요. 그러지 말아요!"

어떤 면으로든 그가 자신이라고 말할 수 있는 모든 것이 그비명에 녹아들었다. 마지막 카드를 썼다는 섬뜩한 깨달음이서서히 모종의 평화로 바뀌기 시작했다. 더 이상 할 수 있는일이 없었다. … 고단했다. … 밤이 지나갔음이 분명하다는회미한 생각이 엄습했다. 그는 잠에 빠졌다.[3]

첫 번째 변화

이전까지 마크는 내부패거리에 연연하느라 자신의 취향이나 기호, 애정을 무시했을 뿐 아니라, 옳고 그름이나 정당성을선택의 척도로 삼은 적도 없었다. 그런데 자신의 한계를 깨닫고도움을 청한 후 그는 다른 모습을 보여 준다. 자신을 다시 찾아온 프로스트에게 행동을 정당화하는 근거가 무엇이냐고 물은것이다. 여기서 마크는 자기에게 맡겨진 일, 즉 아내를 데려오라는 임무의 정당성을 묻고 있다. 프로스트의 지론대로 애국심이나 인간에 대한 의무감 같은 도덕적 근거가 설자리가 없다면행동에는 어떤 근거가 있을까?

"존재는 그 자체로 정당화된다"는 답변이 돌아온다. 마크는되묻는다. 우주의 경향이 그 자체로 정당화된다면 그것으로 끝인가? 그 경향이 나쁜 방향으로 갈 수도 있지 않을까? 그러나 프로스트는 그런 질문 자체가 무의미하다고 여긴다. 가치판단은 감정의 표현에 불과하고, 감정은 금세 사라진다고 답한다. 감정과 더불어 가치판단의 기준도 사라진다. 따라서 '나쁜/좋은'의 기준도 쓸 수 없다. 그러나 마크는 그 말이 이상하다는 것을 깨닫는다.

객관성 훈련

프로스트는 정당성의 질문을 제기하는 마크에게 객관성 훈련을 시키겠다고 나선다. "여태껏 행동의 근거라고 여긴 것들을 마음에서 제거하는 것"이 훈련의 목적이다. 그는 프로스트를 따라서 '객관의 방'이라는 곳에 들어간다. 별다른 것은 없었다. 그런데 방이 균형 잡혀 있지 않았다. 아치가 전체적으로 기울어져 있었다. 방의 모양새도, 거기 걸려 있는 그림들도 이상했다. 그 목적은 인간 안에서 인간다운 반응을 제거하는 것이었다. 정상의 개념을 없애려는 것이다.

그러나 마크를 가둔 자들의 의도와 정반대되는 결과가 나타났다. 마크가 전에 몰랐던 것을 깨닫게 되었기 때문이다.

사막이 처음으로 사람들에게 물을 사랑하게 가르치듯,
그 사람이 곁에 없어야 사랑을 절감하듯, 시큼하고 굽은
느낌을 주는 이 배경은 달콤하고 똑바른 것을 인식하게
만들었다. 다른 것, 즉 그가 애매하게 '정상'이라고 부르는
것이 분명히 존재했다. 그는 전에는 이런 생각을 해본 적이

158

없었다. 하지만 그런 게 있었다. … 마크는 윤리적인 관점에서 생각하는 것이 아니었다. 아니, 같은 말이겠지만 그는 처음으로 깊은 윤리적인 경험을 하고 있었다. 그는 한쪽을 택하고 있었다. 정상을. 그가 '그따위'라고 하던 것을 선택했다.[4]

십자고상을 밟고 모독하는 훈련

파국이 펼쳐지기 얼마 전, 마크는 또 다른 훈련을 받는다. 시험이라고 할 수도 있겠다. 객관의 방에는 예수의 수난상이 바닥에 놓여 있었다. 프로스트는 마크에게 그것을 밟고 여러 방식으로 모욕하라고 지시한다. 그런데 여기서도 뜻밖의 반응이 나온다. "기독교를 믿은 적이 없던 마크였지만, 프로스트의 요구를 받고는 거기 뭔가가 있을 거라는 생각이 처음으로 떠올랐다."

아무 의미가 없다면서 왜 이런 것을 요구할까? '정상적인 것'과 '병든 것'의 대조로는 설명되지 않는 어떤 것이 거기 있었다. 왜 그리스도 수난상이 등장할까? 거기서 그는 두 집단이 충돌하는 것을 느꼈다. "내가 어느 방향으로든 발을 떼면 절벽으로 떨어지는 걸 거야." 거부하면 살아서 나갈 수 없다는 압박을 느끼며 그는 십자고상을 통해 자신이 악의 편에 서야 할지 선의 편에 서야 할지 선택해야 한다는 것을 알게 된다.

마크는 자신이 나무 예수처럼 무기력하다고 느꼈다. 이런 생각을 하면서 자기도 모르게 수난상을 새로운 눈으로

159

바라보았다. 나무 조각도 아니고, 미신에 따른 기념비도 아닌 역사의 일부로 보았다. 기독교는 허튼소리였지만, 예수가 생존한 인물이며 그 시대의 '벨버리'에게 처형당했다는 것은 의심의 여지가 없었다. 그것은 십자가가 '곧음'이나 '정상'의 이미지는 아니지만, 왜 왜곡된 벨버리의 정반대인지 설명해 주었다. 그것은 '곧음'과 '왜곡'이 만날 때 일어나는 상황의 그림이었다. 왜곡된 것들이 곧은 것들에게 저지르는 일의 그림, 그가 곧게 남아 있으면 어떤 일을 당할지를 보여 주는 그림이었다. 그것은 마크가 이제껏 알던 것보다 더 명확한 의미에서 '십자가'였다.[5]

프로스트의 시험 앞에서 마크는 그리스도의 싸움이, 그리스도의 십자가가 옛 일만이 아님을 깨닫게 된다. 그것은 현실 속에서 선악이 만날 때 펼쳐지는 일을 보여 주는 상징적 사건이며 보편적 그림이었다. 거기서 마크는 조금 더 나아간다.

그에게 기독교는 우화fable였다. 믿지도 않는 종교 때문에 죽는 것은 어처구니없는 일이라 할 것이었다. 예수는 십자가 위에서 자신의 종교가 우화임을 알았고, 믿던 신이 자신을 버렸다고 불평하며 죽었다. 우주가 속임수임을 깨달았던 것이다. 하지만 그 순간 마크는 전에는 생각해 본 적 없었던 궁금증이 생겨났다. 그렇다고 이 사람에게 등을 돌려야 하나? 우주가 속임수라는 것이 그 옆쪽에 합류할 핑계가 될까? 곧은 것이 완전히 무기력하고, 늘 어디서나 조롱과 고문에 시달리다 결국 왜곡된 것의 손에 죽는다면 그때는 어쩐다? 배와 함께 침몰하면 안 될까?[6]

객관성 훈련을 통해 오히려 마크는 '똑바르거나 정상적이거나 건전한' 것의 개념을 깨우치게 되었다. 그리고 이번에는 십자고상의 '시험'을 통해 선악의 싸움, 옳음과 그름의 싸움이 벌어지는 현실을 경험한다. 이로써 그는 사물의 실재를 새롭게 경험한다. 그리고 그 싸움에서 그는 두려움을 벗고 옳은 편, 곧은 편을 선택하기로 한다. 그래서 그는 프로스트에게 이렇게 대답한다. "말도 안 되는 헛소리군요. 난 그따위 짓은 안 할 겁니다." 십자고상을 밟고 모욕하지 않겠다는 선택은 옳은 편에 서겠다는 선택이자 구체적 행동으로, 말하자면 목숨을 잃더라도 아내 제인을 배신하지 않겠다는 선택이었다.

자기 마음을 지키는 것의 중요성

마크 스터독은 내부패거리에 들고 싶은 욕망의 문제를 극적으로 보여 준다. 그 욕구는 그의 가장 큰 약점이었다. 그로 인해 그는 인생의 많은 시간을 허비했고 많은 기쁨을 놓쳤으며 많은 소중한 관계를 잃어버렸다. 그러나 보통의 경우라면 일개인과 주위 몇 사람의 불행으로 끝났을 그의 약점은, 국공연이라는 사악한 집단을 만나면서 전혀 다른 차원의 문제로 넘어갔다.

마크는 내부패거리로 끌리는 욕망 때문에 본인이 망할 뻔한

데서 더 나아가, 국공연이라는 막강한 악의 세력에 큰 발판을 제공할 뻔했다. 자신을 지키는 것, 자신의 죄와 욕망과 싸우는 것은 단지 한 개인의 문제가 아닐 수 있음을 마크의 사례가 잘 보여 준다. 늘 하던 대로 자신의 욕망에 휘둘릴 때, 그것이 특정 상황이나 집단과 어우러져서 어떤 일을 낳을 수 있는지 섬뜩하게 경고한다. 자신의 욕망에 휘둘리지 않고 나 하나 똑바로 사는 것이 얼마나 중요한지 명심하게 해준다.

마크가 자신의 실체를 인식하고 바른 선택을 내리기로 마음먹지만 그 선택을 유지할 능력이 없는 것을 발견하는 대목에서 많은 이들이 공감할 수 있을 것이다. 그리스도인은 그런 자신의 한계를 깨닫고 그리스도를 통해 주어지는 하나님의 도움을 구하는 자들이 아니던가. 루이스의 작품에는 이렇게 갖가지 막다른 길에서 자신의 한계를 깨닫고 도움을 청하는 이들이 여럿 등장한다.

도움을 청하는 것이 뭐 그리 대수냐고? 그건 몰라서 하는 소리다. 미국의 철학자 제임스 스미스는《아우구스티누스와 함께 떠나는 여정》에서 아우구스티누스의 명구인 "은총의 도움을 욕망하는 것이 은총의 시작이다"를 가져와서 이렇게 설명한 바 있다.

만약 자신의 한계에 이르러 도움이 존재하는지 궁금하게 여기고 이따금 초월적인 무언가로부터의 은총을 바라는 자신의 모습을 발견하며 놀란다면, 이는 이미 은총이 작동하고 있다는 신호다. 계속 요청하라. 믿지 않아도 요청할 수 있다.
이를 기억하라. 믿도록 도와 달라고 요청할 수 있다. 도움을
원하는 것 자체가 믿음의 첫 단계다. 은총을 갈구하는 것이 첫
번째 은총이다. 자기 충족성의 한계에 이르는 것이 첫 번째
계시다.[7]

5

《폐기된 이미지》
좋아하고 따라가다
이른 곳에서

마누라가 예쁘면 처갓집 말뚝에도 절을 한다 했던가. 그뿐이 아
니다. 취향까지 바뀐다. 원래 떡볶이를 무슨 맛으로 먹나 했고
빵은 팥이나 소보로 맛으로 먹던 내가 떡과 빵을 좋아하는 아
내와 살면서 비로소 떡볶이의 진정한 맛을, 빵 자체의 질감과
부드러움의 차이를 경험하게 되었다. 아내가 도서관에서 빌려
오는 책을 읽으면서 다른 세상도 맛보게 되었고, 아내가 검색하
는 정보나 알려 주는 이야기를 접하면서 관심 없던 영역과 분
야로도 관심을 갖게 되었다. 혼자 살았다면 나는 얼마나 단편적
이고 외곬이 되었을까.

　C. S. 루이스를 좋아하고 그의 글에 귀 기울이다 보니 어느
새 그의 글을 번역하고 싶은 욕구가 생겼다. 기존 번역서에서

아쉬운 부분에 주목하니 내가 하면 더 잘할 것 같은 마음이 들었다(거의 이십 년 전 일이라는 점을 감안해 주시길). 그런 마음으로 번역에 뜻을 두었는데, 여의치 않아 몇 년 다른 일을 하기는 했지만 결국 다시 루이스를 매개로 해서 번역의 길에 접어들었다. 그의 글을 번역하면서 내 번역 실력은 그 전보다 한 단계 올라섰고, 그 과정에서 지금의 번역 프로세스도 확립하게 되었다. 번역가로서 나에게 루이스는 여러모로 특별한 작가다.

그뿐이 아니다. 그를 몰랐다면 전혀 관심 갖지 않았을 주제에도 다가가게 되었다. 영국. 옥스퍼드대학. 셰익스피어. 영문학. 시. 밀턴. 《실낙원》. 중세. 르네상스 시대. 다들 그런 경험 있지 않나. 누군가를 좋아하고 따라가다 보니 어느새 뜻밖의 장소, 혼자라면 결코 오지 않았을 곳에 들어와 버린 자신을 발견하는 경험 말이다.

이 책과의 인연

십여 년 전에 홍성사의 후원으로 고등신학연구원에서 진행했던 루이스 연례 세미나에서 마이클 워드라는 분을 만났다. 〈나니아 연대기〉 일곱 권이 중세의 우주관을 반영하여 해, 달, 수성, 화성, 금성, 목성, 토성에 각각 대응된다는 것을 밝혀 박사학위를 받은 루이스 전문가라는 소개를 접하고도 나는 시큰둥했다. 솔직히 말해 별것 다 한다 싶었다. 점성술을 떠올리며 거부감도 느꼈던 것 같다. 그러다 보니 그의 연구 내용을 더 자세히 물어보거나 깊이 있는 이야기를 전개할 수가 없었다.

5. 《메가된 이미지》_좋아하고 따라가다가 이른 곳에서

그로부터 몇 년 후, 알리스터 맥그래스의 루이스 전기를 번역하던 중 마이클 워드의 연구 내용에 대한 설명을 접하게 되었고, 비로소 마이클 워드의 연구가 루이스와 나니아 연구에서 중요한 돌파구를 연 것임을 알 수 있었다. 〈나니아 연대기〉의 전체 일곱 권이 어떤 구조로 통일성을 이루고 있는지는 중세 르네상스의 세계관에 대한 깊은 이해가 있어야 파악할 수 있는 것이었다. 좋은 배움의 기회를 날려 버렸음을 뒤늦게 아쉬워했다. 거기에 더해, 루이스가 중세의 우주관을 다룬 《폐기된 이미지》를 보게 되자 다른 시대의 우주관과 세계관이 가지는 의의, 아름다움 등을 조금이나마 실감할 수 있었다. 그리고 이 책을 출간하자고 출판사에 작업을 걸기 시작했다. 루이스가 가장 많이 읽고 생각하고 연구하고 가르친 주제를 다룬 중요하고 의미 있는 고전이라며.

정작 기대했던 출판사에서는 도통 반응이 없었다. 안 되려나 보다 싶어 마음을 비우고 생업에 전념하던 어느 날, 가볍게 그 책에 대해 정보를 흘렸던 출판사에서 뜻밖에도 연락이 왔다. 출판계약을 했는데 번역에 뜻이 있느냐고. 기다렸다는 듯 냉큼 수락하고 번역 계약서에 서명했지만 미리미리 읽고 준비하게 되지는 않았다. 당장 번역해야 할 다른 책들이 내 발목을 잡았다. 가끔 이 책을 들춰 보면 숱하게 펼쳐지는 낯선 이름들과 작품들, 중세 영어와 라틴어가 거만하게 나를 내려다보며 묻는 듯했다. '너, 나를 감당할 수 있겠어?' 그러면 내가 무슨 바람이 불어 저걸 번역하겠다고 출판사를 들쑤셨을까, 그리고 번역 제안을 덥석 받아들였을까 하는 생각이 절로 들었다.

그런데 그렇게 말하자면, 일전에 번역한 루이스의 《실낙원 서문》도 마찬가지였다. 내가 그럴 깜냥이 되느냐 하는 자기분석이나 꼼꼼한 독서 없이, 번역 제안을 받고는 덥석 하겠다고 맡은 책이었다. (그러고 보니 가볍게 읽은 정도였던 《순례자의 귀향》도 다를 바 없었다!) 그냥 공부한다는 심정으로, 배운다는 각오로 한 줄 한 줄 번역해 나갔다. 늘 그랬던 것처럼.

그냥 읽는 책, 번역하며 읽는 책

루이스는 《오독: 문학 비평의 실험》에서 논문을 쓰기 위해 책을 읽어야 하는 '외국 대학' 교수들이 안됐다고 하면서, 책을 그 자체로 즐기는 경험이 선행되어야 한다고 말한다. 2016년 루이스 컨퍼런스에서 강사로 나선 정정호 교수도 그 말에 적극 공감했다. 교수가 논문 제조 기능공처럼 되어서, 논문 쓸 '소스'를 찾기 위해 책을 보는 괴로움을 토로했다. 그걸 벗어나기가 쉽지 않다고 했다.

역시 강사로 참석한 강영안 교수도 반대 측면에서 비슷한 얘기를 했다. 그는 루이스 책을 읽는 것이 무척 즐겁다고 했다. 그걸로 강의를 하는 것도 논문을 쓰는 것도 아닌, 그저 즐겁게 읽을 수 있는 것이 좋다고 했다. 강 교수는 더 나아가 본인은 철학자들의 책을 읽을 때도 논문을 쓰기 위해 읽는 것이 있고, 단순히 즐겁게 읽는 것이 있다고 했다.

그러고 보니 나도 번역을 위해 읽는 책이 있고 재미로 읽는 책이 있다. 그런데 루이스 책은 원래 즐거움을 위해 읽는 (이게 아주 술술 읽힌다, 그런 의미는 아니다.) 책이었다가 번역가가 된 후로 '번역을 위해' 읽는 책이 된 경우였다. 그리고 번역을 위해 읽으면 아무래도 재미로 읽을 때보다 피곤하다. 힘들다. 힘에 부친다. 내가 알고 싶은 내용만 집중해서 읽고 관심 없는 부분은 건너뛰는 자유, 내 마음대로 느끼고 마는 자의적 해석의 기쁨 같은 것은 물 건너가고, 모르는 것은 어떻게든 알아내야 하고, 거기다 남들도 이해할 수 있는 말로 풀어내는 고된 길을 가야 한다.

강영안 교수는 재미로 책을 읽을 때의 단점을 잠깐 언급했다. 아무래도 설렁설렁 읽다 보면 기억에 남는 것이 없을 수 있다는 것이다. 그 말 속에 곧 내가 루이스 책 번역을 제안 받으면 꾸역꾸역 맡고, 관심 없어 하는 출판사를 찔러 번역을 제안해서 맡기까지 하는 이유가 담겨 있지 싶다. 번역을 위해 자료를 찾고, 제대로 이해하기 위해 고심하고, 번역을 위해 머리를 굴리고, 번역을 하려고 거듭 보다가 그 의미를 깨우치고, 번역된 원고를 다시 보고, 아내가 고쳐 준 원고를 또 보고, 이런 일련의 과정을 거치면서 얻게 되는 이해의 폭과 깊이는, 내가 다른 어떤 취미나 즐거움을 위해서 하는 독서로는 경험할 수 없는 차원의 것이다. 루이스의 여러 저서를 그렇게 번역하는 과정을 거치면서 (물론 시간이 지나면 상당수 잊어버리기는 하지만) 체화되고 (강영안 교수의 표현을 빌리자면 박하를 손에 비비면 박하 향이 퍼져 내 몸에 스며들듯) 내면화되는 그 유익은 달리 얻을 방법이 없기 때

168

문이다. 그런 면에서 나는 생활비 지원을 받아가며 '번역'이라
는 일인 대학을 다니고 있는 건지도 모르겠다.

《폐기된 이미지》를 왜 다시 봐야 하는지 묻는 사람에게

책 제목 '폐기된 이미지'는 중세와 르네상스의 세계상, 세계
관을 말한다(루이스는 이에 대해 '우주 모형'이라는 용어를 쓴다). 이미
현대인들은 거부해 버린, 사실상 폐기된 세계상. 하지만 루이스
가 대단히 매력적으로 여기고 평생 연구하고 글에서도 적극 활
용했던 세계상이다. C. S. 루이스가 옥스퍼드 대학에서 영문학
강의를 할 때 중세와 르네상스 문학의 개론 강좌로 진행했던 16
회분의 강좌 두 편을 엮어 낸 저서다.

《실낙원 서문》이 그리스 로마의 고전에 정통한 고전학자로
서의 루이스와 밀턴 전문가로서 그의 면모를 여지없이 보여 주
었다면,《폐기된 이미지》는 중세 르네상스 시대 거의 전체를 아
우르는 폭넓은 자료를 자유자재로 구사하고, 각 자료의 세부 내
용까지 적재적소에 제시하는 디테일을 동시에 갖춘 일급 영문
학자로서 루이스의 역량을 확실히 보여 준다. 그의 안내를 따라
가다 보면 당시 사람들의 머릿속을 들여다보는 듯 생생한 느낌
을 받게 된다.

루이스 책의 독자가 그럴 것 같지는 않지만, 혹시 옛날 책이
라면 거부감부터 느낄 분들을 위해 그 문제에 대한 루이스의
답변을 소개해 본다. 루이스는 "옛날 책의 독서에 대하여"라는
에세이에서 평범한 독자가 새 책이나 옛날 책 중 하나를 읽어

야 한다면 옛날 책을 읽으라고 권한다. 그렇지 않다면 "새 책을 한 권 읽은 후에는 반드시 옛날 책을 한 권 읽고 그 후에 다시 새 책을 읽는 것이 좋은 규칙입니다. 그것이 너무 부담스러우시다면, 새 책을 세 권 읽은 뒤에는 옛날 책 한 권은 꼭 읽으십시오."[1]

왜 그런 조언을 할까? "모든 시대에는 나름의 시각이 있"기 때문이다. "각 시대가 특별히 잘 파악한 진리들이 있고 특히 잘 저지르는 실수들"이 있다. 그러므로 우리 모두에게는 "우리 시기의 전형적인 실수를 바로잡아 줄 책들"이 필요하다. 그것이 바로 옛날 책이다.

현대 서적들의 내용이 옳은 부분들은 우리가 이미 알고 있는 진리들을 알려 줄 것입니다. 그리고 내용이 틀린 부분들은 우리가 이미 위험할 정도로 앓고 있는 오류를 더욱 악화시킬 것입니다. 이런 증상을 완화하는 유일한 비결은 지난 수 세기의 깨끗한 바닷바람이 우리의 정신에 계속 불어오게 하는 것이고, 이 일은 옛날 책들을 읽는 것으로만 가능합니다. 물론 과거에 무슨 마법이 있어서는 아닙니다. 그때 사람들이 지금보다 더 영리한 건 아니었습니다. 그들은 우리만큼 많은 실수를 범했습니다. 그러나 같은 실수를 저지르지는 않았습니다. 그들은 우리가 저지르고 있는 오류에 대해 반성할 계기를 제공하고, 그들의 오류는 이제 명백하게 드러났기 때문에 우리에게 위험거리가 되지 않습니다. 두 머리가 하나보다 나은

ⓒ 김재완

케임브리지 페피스 도서관
"새 책을 한 권 읽은 후에는 반드시 옛날 책을 한 권 읽고 그 후에 다시 새 책을 읽는 것이 좋은 규칙입니다. 그것이 너무 부담스러우시다면, 새 책을 세 권 읽은 뒤에는 옛날 책 한 권은 꼭 읽으십시오."-〈옛날 책의 독서에 대하여〉에서
사진은 루이스가 재직했던 케임브리지 모들린 칼리지의 대표적 건물인 페피스 도서관.

171

이유는 어느 쪽에 오류가 없어서가 아니라 둘 다 같은
방향으로 잘못될 가능성이 낮기 때문입니다.[2]

옛날 책은 우리로 하여금 새로운 것, 최신 것이 무조건 옳다,
더 낫다는 '연대기적 속물주의'나 '현재의 숭배'에서 벗어나게
해준다. 한 시대만 알면 그 시대가 전부인 줄 알고 절대화하고,
과거의 사람들을 바보 취급하여 그로부터 배울 기회를 놓치고
만다. 모든 시대는 나름의 한계 안에서, 주어진 증거와 자료 안
에서 최상의 설명을 찾아갔음을 망각하게 된다.

이 책은 옛날 책들을 읽을 수 있게 도와주는 안내서이자 그
자체로도 그쪽 분야의 고전으로 꼽힌다. 개인적으로 이 책에서
가장 인상 깊은 부분은 에필로그였다. 거기 담긴 루이스의 통찰
을 통해 과학 연구도 증거와 이론의 문제인 동시에 인간의 활
동임을, 그리고 인간이 어떤 존재인지를 말해 주는 활동임을 다
시금 떠올리게 되었다. 인문학적 성찰이 무엇인지 정수를 보여
주는 듯했다.

설령 루이스가 읽은 책을 다 읽는다 해도 대부분의 사람들
이 루이스처럼 뛰어난 학자나 작가, 기독교 변증가가 되지는 못
할 것이다. 하지만 그의 궤적을 따라가다 보면 지금보다는 더
폭 넓게 열려 있으며, 자기 반성적으로 되돌아볼 줄 알고, 창의
적이고 논리적인 사람이 될 수 있을 것이다. 그 정도면 족하다,
그런 마음이 든다.

6

《기적》
기적이란 무엇인가

몇 년 전에 루이스 책으로 매월 독서 모임을 했다. 그 전해에 서양 문학과 기독교 고전 열 권으로 독서 모임을 하면서 혼자 읽을 때와는 비교도 할 수 없는 유익을 맛본 터라 또다시 출판사의 요청에 덜컥 수락해 버렸다. 나로서는 루이스 책을 꼼꼼히 읽고 나눌 다시없는 기회였으니까. 기대와 설레는 마음을 안고 함께 읽을 책 목록을 작성했고, 그중에는 모임 참가자들이 혼자서는 읽기 어려운 책들(혼자 읽을 수 있는 책은 혼자 읽으면 되니까!)도 몇 권 집어넣었다.

그런데 참가자 중 몇몇은 이 독서 모임을 통해 루이스 세계의 입문을 꾀하는 초보들이었다. 《순전한 기독교》를 어려워하는 이들과 모임을 하다 보니, 《기적》 차례가 되자 본격적으로

173

염려가 되었다. 이번 독서 모임에서 가장 높은 산이 될 거라 예상했던 이 책 앞에서 초보 분들이 좌절하면 어쩌나 하는 우려였다. 그래서 요약문과 질문지도 일찌감치 작성해서 보냈다. 그리고 앞쪽에서(뒷부분은 훨씬 잘 읽히고 재미있다!) 무너지면 어쩌나 싶어, 잘 안 읽힐 경우 발췌독(모든 책을 처음부터 끝까지 다 읽어야 하는 건 아니니까!)을 할 수 있는 지침까지 세 가지 버전으로 제시했다.

그러나 그달 모임 참석자 중 상당수는 내가 우려했던 바로 그 대목에서 포기했다고 한다. 더구나 그 다음 달부터 모임 참석자 수도 눈에 띄게 줄었다. 다음에 혹시라도 독서 모임을 하게 되면 이 책은 넣지 말아야지 다짐하게 되었다. 이 글이 책의 내용을 일부라도 이해 가능하게 전달하여《기적》이 그렇게 몹쓸 책은 아님을 알려 드리는 기회가 되면 좋겠다.

몸 풀기

루이스는《기적》의 1장 "이 책의 범위"에서 평생 유령을 봤다는 사람을 한 명 만나 봤다고 한다. 그런데 그 사람은 유령을 봤다고 하면서도 유령을 믿지 않았다 한다. 원래 유령은 없다고 믿는 사람이었던 것. 루이스는 곧이어 "보는 것이 곧 믿는 것은 아니"라고 주장한다. 기적이 일어나는지 여부는 직접 경험이나 역사로 판단할 것이 아니라 철학적으로 판단해야 할 문제라는 것이다. 철학적으로 기적이 가능하다고 전제해야만 역사적 탐구가 비로소 시작될 수 있을 터. 그런 의미에서 루이스의《기적》은 역사적 연구를 위한 예비 단계다.

2장 "자연주의자와 초자연주의자"에서 루이스는 기적을 "자연에 대한 초자연적 힘의 간섭"으로 정의한다. 자연주의자는 "어떤 거대한 '진행' 과정이 시공간 속에 '독자적으로' 존재하며 (이 단일한 전체가 '자연'이다) 그 밖에 다른 것은 존재하지 않는다고 믿는 사람"이다. 그러면 초자연주의자는? 그는 "독자적으로 존재하는 단 하나의 존재가 있으며, 그 존재가 시공간이라는 틀과 그 틀 안을 채우는, 체계적으로 상호 연결된 사건의 진행(즉, '자연')을 만들어 냈다"고 믿는다. 자연주의가 옳다면 기적은 불가능하고, 초자연주의가 옳다면 기적은 가능하다. 둘 중 하나를 선택해야 한다.

1장에서 기적의 문제를 철학적 문제로 규정하고, 2장에서 자연주의를 택한다면 기적을 믿을 수 없다고 정리한 다음, 3-5장에서는 이성과 도덕을 통해 자연주의에는 명백한 균열이 있음을 밝힌다. 자연주의가 옳다면, 모든 유한한 존재나 사람들이 원칙적으로 자연이라는 전체 체계 안에서 설명되어야 할 테고, 그렇게 설명되지 않는 것이 하나라도 있다면 자연주의는 허물어진다. 그리고 루이스가 제시하는 "자연 속에 난 균열"이 바로 인간의 이성이다. 자연주의 자체가 추론에 의지하고 가능한 모든 지식이 이성적 추론의 타당성에 달려 있는데, 그 타당성이 부정되면 어떤 지식도 참일 수 없다. 그런데 자연주의는 바로 그 이성의 타당성을 허무는 자기 반박적 주장이다. 그래서 3장의 제목이 "자연주의의 근본 난점"이다. 4장 "자연과 초자연"에서는 3장의 논의를 이어받아 이성적 추론을 할 때는 자연 너머의 무언가가 작동한다고 말한다. 인간의 이성은 자연 너머, 혹은 이면에 무언가가 있음을 알게 해주는 자연 속에 난 작은 균열 부분이라는 것이다.

3-4장이 "이성적 사고의 초자연적 원천"을 밝힌 것이라면 5장은 "도덕적 판단의 초자연적 원천"을 제시한다. 도덕적 판단이 자연주의에 대해 이성적 추론과 동일한 문제를 제기한다는 것이다. 루이스는 "마땅히 ─해야 한다/마땅히 ─하지 말아야 한다"는 당위의 표현은 어떤 행위의 본질에 대한 참된 말이 분명하다고 주장한다. 그렇지 않다면 모든 도덕적 판단은 말하는 사람의 느낌을 진술하는 것에 불과할 것이다. 그러나 선악이 몽상에 불과하다고 주장하는 사람도 실제로는 그렇지 않은 것처럼 도덕적 주장을 하고 그에 준하여 행동한다. 도덕적 판단을 계속하고자 한다면, 사람의 양심은 자연의 산물이 아니라는 점을 믿어야 한다.

기적에 대한 본격적 의문과 대답

7장부터 루이스는 기적에 대해 제기할 수 있는 질문과 반론들에 본격적으로 답한다. 7장과 8장은 자연이 본질상 기적을 허용할 수 없는 체계라는 주장에 답한다. 7장은 두 가지 궤변에 답한다. 하나는, 옛날 사람들은 자연법칙을 몰라서 기적을 믿었지만 이제 과학을 통해 자연법칙을 알게 된 현대인은 기적을 믿을 수 없다는 것이다. 하지만 생각해 보라. 마리아가 처녀 상

176

태로 잉태했다는 말을 들었을 때, 요셉이 덜컥 믿었던가? 예수님이 무덤에서 살아나셨다고 여인들이 알렸을 때, 제자들이 덥석 그 말을 받아들였던가? 현대 과학에 준하는 지식이 없었다 해도, 그런 고대인들도 자연적인 일과 그렇지 않은 일에 대한 기본적인 감각은 갖고 있었다. 자연법칙을 모르면 기적을 알아볼 수도 없고 기적에 놀랄 수도 없다. 두 번째 궤변은, 기적은 지구가 크고 인간이 중요하다고 여기던 옛사람들의 판단이 아니냐 하는 것이다. 그러나 중세 이전부터 이미 우주의 크기가 크다는 사실은 알려져 있었다. 더욱이 우주가 생명으로 가득해도 (그렇다면 하나님이 인간만 챙길 수 없다는 뜻이라며), 우주에 인간뿐이어도 (그렇다면 인간이 우연히 생겨났다는 뜻이라며) 기독교에 불리하게 해석될 것이다.

8장 "기적과 자연법칙"에는 기적을 이야기할 때 중요한 두 가지 내용을 다룬다. 하나는 자연법칙이 아무 사건도 만들어 내지 못한다는 것이다. 기적은 자연법칙을 깨뜨리는 것이 아니다. 기적은 일종의 간섭이다. 여기서 루이스는 재미있는 비유를 든다. 월요일에 책상 서랍에 6페니를 넣고 화요일에 6페니를 더 넣었다고 해보자. 그러면 산술 법칙에 힘입어 다음번에 서랍을 열어 보면 12페니가 있을 거라고 예측할 수 있다. 그런데 만약 다음번에 서랍을 열었는데 2페니밖에 없다면 어떤 결론을 내리게 될까? 산술 법칙이 깨어졌다고 결론 내릴까? 그럴 리 없다! 도둑이 들었다고 생각할 것이다. "이는 무언가(그 서랍의 자물쇠나 영국 법)가 깨진 것입니다. 그러나 산수의 법칙이 깨진 것

177

은 아닙니다. 도둑 때문에 생긴 새로운 상황은 본래의 상황과 마찬가지로 산수의 법칙을 따른 것입니다. … 과학자의 관점에서 기적은 일종의 조작, 간섭, (말하자면) 도둑질입니다."[1] 자연법칙과 기적의 관계를 이보다 명료하게 설명할 수 있을까 싶다. 8장의 주요 내용 또 하나는 뒷부분에서 소개하도록 하겠다.

12장 "기적의 적합성"은 "기적이 하나님의 격에 맞는가?"라는 질문에 답한다. "사건들의 질서정연한 진행, 자연의 꾸준한 발전 과정을 기적보다 더 대단하게 여기고 기적이 그런 진행, 과정을 간섭하는 것이 땜질처럼 격에 맞지 않다고 여기는" 이들이 있기 때문이다. 여기에 대해 루이스는 "규칙들 이면의 규칙이 있고, 일률성보다 깊은 통일성이 있다"고 대답한다. 최고의 명인은 작품의 생동하는 내적 법칙은 하나도 깨뜨리지 않겠지만, 피상적 정규성과 정통성은 거리낌 없이 깨뜨리는 법이다. 기적이 일어난다면 그때는 그 기적을 일으키지 않는 것이 오히려 비통일성일 것이다.

그리스도의 기적에 대하여

14-16장은 기독교에서 말하는 기적의 핵심인 성육신과 그리스도의 기적들을 다룬다. 13장까지의 내용은 바로 이 얘기를 하기 위한 정지 작업이었다고 할 수 있다. '나는 초자연주의자이고 기적이 일어난다는 걸 믿어. 기적이 가능하다, 혹은 불가능하지 않다는 논증으로 골머리를 앓고 싶지 않아' 하시는 분이라면 앞부분을 전부 건너뛰고 14장부터 보셔도 무방하겠다

(그 안에 담긴 반짝이는 통찰들을 놓치는 것이 아쉽기는 하지만).

14장 "장엄한 기적"은 그리스도인들이 주장하는 중심 기적인 성육신을 다룬다. 그런데 루이스는 성육신의 신뢰성이 우리가 가진 지식 전체를 얼마나 잘 조명하고 통합해 줄 수 있는지에 달려 있다고 주장한다. "저는 태양이 떠오른 것을 믿듯 기독교를 믿습니다. 그것을 보기 때문만이 아니라 그것에 의해 다른 모든 것을 보기 때문입니다."[2] 이렇게 썼던 루이스의 관점을 잘 보여 주는 주장이다. 그는 성육신 자체는 잘 이해할 수 없는 것일지 모르지만, 성육신 교리가 다음의 지식들에 빛을 던져 준다는 점이 중요하다고 지적한다.

먼저 자연에서 분명히 드러나는 네 가지 지식부터 정리해 보자. 첫째, 인간의 복합체적 성질이다. 인간은 초자연(이성적 추론)과 자연이 결합된 존재다. 그런데 초자연이 자연에 내려오는 것은 성육신의 희미한 이미지다. 상위의 것은 아래로 내려올 수 있고, 큰 것은 작은 것을 포괄할 수 있다. 둘째, 자연과 신화의 주요 테마인 하강과 재상승(죽음과 재생)의 실체를 알려 준다. 그분이 자연의 원본이시기 때문이다. 셋째, 구원을 이루시는 방법인 선택이다. 자연도 (부패하고 망쳐진 방식으로나마) 선택을 통해 일한다. 선택은 편애가 아니라 선택받은 자들이 선택받지 못한 자들을 위해 고난받는 짐을 지는 것이고, 그 정점이 그리스도다. 넷째는 '대리'라는 현상이다. 세상 모든 존재가 다른 존재에게 도움을 받고, 다른 존재를 위해 희생하고, 다른 존재에 의존한다. 대리는 사랑과 미움, 불행과 행복이 다 흘러나오는 원천

179

© 정인영

웨스트민스터 사원 시인 구역에 있는 C. S. 루이스 명판

루이스에게 기독교가 어떤 의미였는지 잘 보여 주는 이 문구가 새겨져 있다.

"저는 태양이 떠오른 것을 믿듯 기독교를 믿습니다. 그것을 보기 때문만이 아니라 그것에 의해 다른 모든 것을 보기 때문입니다."-〈신학은 시인가〉에서

이다. 성육신은 대리가 자연의 원리이자 인간 구원의 유일한 길임을 알려 준다.

성육신은 또한 죽음이 저주이자 치료제, 그리스도의 정복 대상이자 정복 수단임을 알려 준다. 죽음은 죄에 대한 형벌이자 최악의 상황을 면하도록 주어진 자비다. 인간은 죽을 존재가 됨으로써 악마 같은 존재가 될 위험을 피하게 되었다. 그러나 인간은 죽음을 이길 수 없는 존재다. 인간이 될 필요가 없고 완전하게 죽을 수 있고 죽음을 이겨 낼 수 있는 분이 모든 이들을 위해 죽음을 맛보셨다. 그리하여 인간도 죽음을 벗어날 가능성을 얻게 되었다.

15, 16장에서는 그리스도의 기적들을 분류하고 그 핵심을 밝힌다. 그리스도는 많은 기적을 행하셨다. 그 기적들은 자연을 침공한 낯선 세력이 아니라 자연과 인간의 왕이신 분이라는 것을 보여 준다. 다시 말해, 그 모든 기적에서 "그리스도는 하나님이 일반적으로 해오셨던 일, 또는 앞으로 하실 일을 순식간에 한 장소에서 하신다. 각 기적은 하나님이 자연이라는 캔버스 전체에 우리 눈에 잘 안 보일 만큼 큰 글자로 적어 놓으셨거나 또 앞으로 적으실 무언가를, 우리를 위해 작은 글자로 적어 주는 것이다."[3]

그리스도께서 가나 혼인 잔치에서 물을 포도주로 바꾸신 기적을 생각해 보자. 이 기적은 "포도주의 하나님이 여기 계시다는 선포"다. "매년 자연 질서의 일부로서 하나님은 포도주를 만드"신다. 그분은 "물과 토양과 햇빛을 주스로 바꾸어 놓을 수 있는 식물 유기체를 창조하시며, 그렇게 만들어진 주스는 적절한 조건이 맞춰지면 포도주가 [된]"다.[4] 어떤 의미에서 그분은 이렇게 늘 물을 포도주로 바꾸고 계신 것이다. 포도주 역시 결국 물이 변해서 된 것이니까. 그런데 단 한 번, 성육신하신 하나님이 그 과정을 단축시켜 순식간에 포도주를 만드셨다. 기적이란 "말하자면 지름길로 가는 것"이다. 그러나 "기적이 만들어 내는 일 자체는 평범한 것"이다. 루이스는 오병이어의 기적도 같은 맥락에서 설명한다. "늘 하시던 일을 작게, 가까이서, 도구 없이 행하신" 일이라는 것이다. 이런 기적들을 그는 '다산多産의 기적'이라 부른다.

치유의 기적은 어떤가. 루이스는 "어떤 의미에서 보자면, 지금껏 어떤 의사도 치유를 행했던 바가 없다"며 그것은 의사들도 인정하는 사실이라고 말한다. 의학적 치료가 하는 일이란 "자연적 기능을 북돋아 주거나, 그 기능을 방해하는 것을 제거해 주는 정도"라고 지적한다. 어떤 의미에서 모든 상처는 자기 스스로 치유하는 것이라 할 수 있다. 어떤 의사도 시체에 난 상처를 치유할 수는 없으니까. 그리고 그리스도께서 병자들을 치유하신 일은, "늘 모든 치유 배후에 계셨던 그 능력이 어떤 얼굴, 어떤 두 손을 취해 나타나신 것"이다.

이런 식으로 루이스는 그리스도의 기적을 여섯 가지로 분류하여 늘 하시던 일을 보여 주는 경우 '옛 창조의 기적'이라고, 앞으로 하실 일을 보여 주는 경우 '새 창조의 기적'이라고 부르고 각각을 설명한다.

182

1. 다산의 기적	물로 포도주를 바꿈. 오병이어. 동정녀 탄생.	
2. 치유의 기적		옛 창조의 기적
3. 파괴의 기적	무화과 나무 저주	
4. 무생물계 지배의 기적	① 풍랑을 잠잠케 함	
	② 물 위를 걸으심	
5. 역전의 기적	죽은 이들이 살아남	새 창조의 기적
6. 완성 / 영화의 기적	그리스도의 변모, 부활, 승천	

　'새 창조의 기적'에서 가장 중요하게 다뤄지는 것은 몸의 부활이다. 기독교를 전파한다는 것은 본래 부활을 전파하는 것이었다. 그리스도의 부활은 우주의 전 역사상 유례없는 최초의 사건이자 첫 열매였다. '새로운 자연'의 탄생을 알린 사건이었다. 부활의 삶은 영적인 삶이 아니었다. 부활한 몸은 기존의 몸과 연속성이 있지만 또 전혀 다른 것(순간적으로 나타났다 사라지고, 음식 섭취나 신체적 접촉이 가능하면서도, 지인들이 알아보지 못한 몸)이었다.

　현대 그리스도인들은 "천국의 삶은 그리스도 안에 거하는 것, 하나님을 뵙는 것, 끝없는 찬미"이자 "몸을 가지고 향유하는 삶"이라는 데서 부조화를 느낀다. 그러나 '새 창조'가 이런 부조

183

스노우드롭

"복음서에 기록된 한두 가지 기적들은 이를테면 이른 꽃들입니다. 봄맞이꽃이라고 할 수 있
는데, 겨울에 활짝 피어나지만 그 역할은 다가오는 봄을 미리 보여 주는 것이기 때문입니다.
… 우리 앞서 가시는 대장 그리스도께서는 이미 5월이나 6월에 가 계십니다. 땅에서 그분의
뒤를 따라가고 있는 이들은 아직 '옛 자연'의 매서운 서리와 동풍을 겪고 있지만 말입니다.
왜냐하면 '봄은 이런 식으로 천천히 오는 것이기 때문입니다.'"-《기적》에서

184

화를 치유할 것이다. 영과 자연이 온전히 하나님을 누리게 될 것이다. 몸의 부활은 천국이 단순히 영의 상태가 아니라 몸의 상태이기도 하고, 자연의 상태이기도 함을 가르친다.

루이스는 하나님이 밀과 기름과 포도주의 하나님이라고 강조한다. 그분은 유쾌한 창조자시다. 성육신하신 분이요, 성례를 제정하신 분이다. 그럼에도 이 세상에서 인간에게는 금욕, 절제가 필요하다. 왜? "지상의 몸을 다스리는 법을 배워 장차 영적인 몸을 맡을 것"이기 때문이다. 현재 우리에게 이 작은 필멸의 몸이 주어진 것은 어린 학생에게 조랑말이 주어진 것과 같다. 다루는 법을 배워야 한다. 그러면 우리가 언젠가 날개 달린 말들을 타게 될 것이라고 루이스는 우리를 격려한다.

자연이 기적을 받아들일 때

앞에서 8장의 주요 내용이 두 가지라고 했고 그중 하나, 기적은 자연법칙을 어기는 것이 아니고 초자연의 개입을 말한다는 점을 설명했다. 이제 8장의 나머지 내용을 소개하는 것으로 이 글을 마무리할까 한다. 그것은 기적의 결과도, 초자연적으로 이루어진 일도 자연이 능숙한 안주인처럼 자연의 품으로 받아낸다는 점이다. 루이스는 이 부분을 대단히 중요하게 생각했다. 어떻게 아느냐고?《기적》의 본문을 앞두고 제사題詞로 실린 시가 바로 이 문제를 다루고 있어서다.

언덕들 사이에 한 거대한 운석이 누워 있다.

이끼가 무성히 자란 그 돌은,
바람과 비의 가벼운 손길에 깎여
부드러운 윤곽을 하고 있다.

이렇게 지구는 별똥의 재를
문제없이 소화해 내고,
달 저편에서 온 그 손님을
어느 영국 주의 토박이로 만든다.

이들 방랑객들이 지구의 품을
자신에게 적합한 처소로 여기는 것은 이상한 일이 아니다.
지구를 이루는 모든 분자는
본디 다 바깥 우주로부터 온 것들이기에.

지구는 전에는 다 하늘이었다.
지구는 고대의 태양으로부터,
혹은 그 태양 가까이를 지나가다가 그 불꽃에 휘감긴
어느 별로부터 내려온 것이다.

그러므로 지금도 뒤늦게 떨어져 내리는 것들이 있다면
지구는 전에 그 거대하고 찬란한 소낙비에 대해 그랬던 것처럼
지금도 그것들에 대해 자신의 조형력造形力을 발휘한다.[5]

독서 모임을 위해 책을 다시 읽으면서야 시가 말하는 바가 눈에 들어왔다. 이 시에서는 지구 전체가 자연을, 지구 바깥의 우주는 초자연을 의미한다. 앞에서 기적은 초자연이 자연에 개입한 사건이라 했던 것을 기억하는가. 운석은 초자연에서 온 어떤 것, 개별적 기적을 말한다. 지구 바깥에서 온 손님인 운석이 지구로 들어와 그곳 토박이가 되듯이 기적의 결과도, 초자연적으로 이루어진 일도 자연은 자신의 일부로 받아 낸다. 지구를 이루는 모든 분자도 다 지구 바깥에서 온 것처럼, 자연의 모든 것이 초자연에서 온 것이라는 점도 기억해야 할 것이다.

이것을 염두에 두고 루이스의 말을 들어 보자. "하나님이 어떤 물질을 없애거나 창조하거나 변형시키는 (기적을 행하신) 것은, 그분이 그 지점에 어떤 새로운 상황을 창조하신 것입니다. 그러면 그 즉시 모든 자연은 이 새로운 상황에 주소를 정해 주고, 그것이 자신의 영역에 자리 잡게 해주며, 다른 모든 사건을 거기에 적응시킵니다." 좀 더 구체적으로 표현하면 이렇다. "자연의 영역에 들어오는 순간 그것은 자연의 모든 법칙에 순종하게 됩니다. 기적적 포도주는 마찬가지 방식으로 사람을 취하게 만들며, 기적적 수태는 마찬가지 방식으로 임신으로 이어지며, 영감으로 쓰인 책들은 본문 변조라는 정상적 과정을 마찬가지로 겪게 되며, 기적적 빵은 마찬가지 방식으로 소화됩니다."[6]

이것이 무엇을 의미하는가? 너무 당연한 말이지만 굳이 적어 보자면 이렇게 된다. 기적이 일어나고 나면 그것은 더 이상 기적으로 보이지 않는다. 기적은 자연의 일부가 되어 버리기에 기적의 초자연적 기원을 잊어버리기 십상이다. 엄청난 기적들을 경험하고도 아무 일 없었다는 듯 하나님을 배반했던 구약 이스라엘 백성들, 예수님의 기적을 수없이 보고도 예수님을 배신했던 제자들의 모습은 어떻게 보면 당연하다. 기적의 결과는 금세 자연의 일부로 자리 잡았으니까. 그럼 어떻게 해야 할까?

루이스가 《기적》의 에필로그에서 말한 내용을 기억하면 좋을 것 같다. 그는 에필로그를 시작하면서 체스터턴의 말을 인용한다. "어떤 것을 가만 내버려두는 것은 곧 그것을 변화의 급류에 내맡기는 것이다. 하얀 기둥을 가만 놔 둬 보라. 그것은 곧 검은 기둥이 된다." 그는 《기적》을 끝까지 읽은 독자들에게 "이 책을 읽다가 뭔가 느꼈더라도 다시 친숙한 '진짜 세상'으로 돌아와 '기적은 없다'는 생각이 들 것"이라고 경고한다. 그리고 그것이 "당연히 예상해야 할 자연의 반격"이라고 말한다. 새로운 생각은 "습관으로 자리 잡기 전까지는, 그것을 생각하는 동안에만 의식에 전체적 영향을 끼"치는 법이기에. "이성적 사고가 그치면 즉시 상상, 정신적 습관, 기질, 시대정신이 치고 들어"온다. 하지만 그런 자연의 반격, 원래 익숙한 생각으로의 회귀를 그런 생각이 옳다는 증거로 삼아서는 곤란하다고 당부한다.

그래서 구약성경에서는 '기억하라!'고 거듭거듭 명령한다. 요단강이 갈라지는 기적을 경험한 이스라엘에 주어진 명령도 그것이었다. 돌을 쌓고 기억하고 그것을 직접 보지 못한 후대에게 계속해서 가르치라. 기념일을 만들고 모여서 그것을 되새기고, 그런 기적을 일으키시는 분의 뜻을 배우고 그에 합당하게 살아가라. 운석의 존재를 잊지 말고 지구가 전부가 아님을 기억하라.

이 대목에서 나는 김교신 선생을 떠올리게 된다. 선생은 일제강점기에 교육자로, 〈성서조선〉 발행인으로, 누구보다도 꾸준하고 한결같은 열정과 섬김을 몸소 보여 주었다. 그는 무교회주의자인 자신과 달리 교회에서 충실히 봉사하며 살아온 '교회교인'과 오랜만에 만나 교류하면서 양측 모두에 원래의 신앙 모습을 유지하는 이가 많지 않음을 떠올리며 일기장에 이렇게 적었다. "신앙은 정도의 높고 낮음도 아니요, 뜨겁고 그렇지 못함도 아니요, 오직 계속하는 일이 귀함을 절실히 느낀다."[7] 선생은 옳다고 믿는 바를 계속하는 것이 귀하고, 그것이야말로 참으로 보기 드문 큰 은혜라고 말하고 있다.

신자는 기적을 경험했던 사람, 또는 그 기적을 경험한 이들의 신실한 증언을 믿고 그에 따라오는 삶의 방식을 선택한 사람이다. 그러나 그렇게 시작하여 한때는 뜨거웠던 마음이 식어버리고, 젊은 시절 대단한 일들을 이루었던 사람들이 노년에 변모하여 오히려 큰 해악을 끼치기도 한다. 그들의 모습은 비판받아 마땅하겠으나, 그들을 보며 나는 다를 거라고 자신해서는 곤란하다. '계속하는 일'은 상황에 자신을 맡기고 늘 하던 대로 하면 나올 수 없는 결과인 까닭이다. 그렇게 하면 타성에 젖고 고루한 '자연인'이 될 뿐이리라. 모종의 기적을 경험하고 그에 준하여 귀하게 시작한 삶의 방식을 (원래의 정신과 각오, 믿음과 기대를 품고) '계속하는 일'은 새로워지는 마음과 다짐이 끊임없이 일어나야만, 자신을 돌아보는 경성함이 있어야만, 서로를 격려할 동지들과 공동체가 있을 때에만 가능한 비상한 일이다. 자연과는 배치된다는 의미에서 초자연적인 일이라 할 수도 있겠다. 누가 그런 은혜 없이도 설 수 있겠는가?

루이스,
고통을 말하다

사인

나이트 샤밀란 감독이 만들고 멜 깁슨이 주연한 〈사인Signs〉
이라는 영화가 있다. 주인공 그레이엄 헤스는 성공회 신부다.
아니, 전직 신부였다. 아내가 동네 사람이 모는 트럭에 치여 죽
는 광경을 본 뒤로 신앙을 잃고 신부직도 그만두었다. 그는 천
식을 앓는 모건과 어린 딸 보, 프로야구 마이너리그 출신의 동
생 메릴과 함께 농사를 지으며 산다.

영화는 전형적인 외계인 이야기처럼 펼쳐진다. 그레이엄은
농장에 거대한 기하학적 무늬가 새겨진 것을 발견한다. 동물들
도 난폭해진다. 뉴스를 통해 전 세계에 그런 현상이 생겨나고
있음을 알게 된다. 외계인들이 침공한 것이다. 여러 경로로 외

191

계인들의 특징이 밝혀진다. 무엇보다 그들은 물을 무서워한다고 했다. 그 사실을 접한 헤스 가족은 집안 곳곳에 물을 따라놓는다. 그런데 전 세계를 공포와 혼란에 몰아넣은 외계인들의 UFO는 갑자기 지구를 떠난다.

그러나 볼일이 있어 외출했다가 돌아온 그레이엄은 집에 남아 있던 외계인이 아들을 인질로 잡고 있는 것을 발견한다. 동생 메릴도 뒤따라 들어오지만 어찌할 바를 모른다. 그때 그레이엄의 머릿속에 아내 콜린이 죽기 직전에 했던 말이 떠오른다.

콜린: 저녁 먹기 전에 가볍게 산책하던 중이었어요.

그레이엄: 당신 산책 좋아하잖아.

콜린: 예정된 산책이었던 것 같아요.

그레이엄: 아파?

콜린: 감각이 없어요.

그레이엄: 다행이다.

그레이엄이 아내의 볼을 만지자 아내는 울기 시작했고 그레이엄도 같이 운다. 아내는 두 아이에게 당부의 말을 한다. 그리고 눈앞의 그레이엄이 보이지 않는 듯, 그레이엄에게 말을 남긴다.

콜린: (울면서) 그레이엄에게 말해요.

그레이엄: (울면서) 나 여기 있어.

콜린: (울면서) 말해 주세요 … 보라고. 잘 보라고 말해요.

마지막으로 콜린은 메릴에게 전할 말을 남긴다. "메릴에게 말해요. 힘껏 휘두르라고."

회상을 마친 그레이엄은 동생에게 우연은 없다고 말한다. 그와 동시에 아내의 말대로 집 안 곳곳을 살펴본다. 메릴이 선수 시절에 쓰던 야구방망이가 그의 눈에 띈다. 그리고 메릴에게 힘껏 휘두르라고 말한다. 공격을 예상했는지 외계인이 선수를 쳐서 모건의 입에 독가스를 쏘아 넣는다. 메릴이 휘두르는 방망이 공격에 외계인은 모건을 놓치고, 그레이엄은 그 틈에 아이들을 데리고 집밖으로 빠져나간다.

메릴의 방망이질에 쓰러진 외계인. 그의 방망이에 집안 여기저기에 놓여 있던 물이 쏟아지고 외계인은 고통스럽게 죽어 간다. 메릴이 집 밖으로 나가자 그레이엄이 모건을 안고 "폐가 막혀 있었어. 독가스가 안 들어갔어"라는 말만 반복한다. 다들 눈물을 흘리며 초조해하는데 모건이 눈을 감은 채 묻는다. "누가날 살려 줬나요?" 그레이엄이 말한다. "그래, 그런 것 같구나."

영화 마지막 장면에서 그레이엄은 성공회 신부 복장을 하고 있다. 그 일을 겪으면서 신앙을 되찾고 목회도 다시 감당할 수 있게 된 것이다. 아내의 비극적인 죽음은 변함없는 사실이고 그로 인한 고통도 사라지지 않았지만, 그것조차 어떤 섭리 아래 있었다고 '보게' 된 것이다. 영화 제목 '사인signs'은 외계인들이 남긴 기하학적 무늬의 의미도 있겠으나, 무엇보다 아내의 죽음, 아들의 천식 등 그가 봐야 할 큰 그림을 가리키는 '표적들signs' 을 말하는 것이겠다. 여전히 알 수 없는 부분이 많고 과연 다른 길은 없었느냐고 물을 수도 있겠지만, 고통은 여전히 고통스러운 것이지만, 그것조차 어떤 의미와 가치가 있다면 받아들일 수 있다는 생각이 여기에 담겨 있다.

고통의 문제

C. S. 루이스는 첫 번째 기독교 변증서《고통의 문제》에서 고통의 문제를 이렇게 정리한다. "하나님이 선하시다면 자신이 만든 피조물들에게 완벽한 행복을 주고 싶어 할 것이며, 하나님이 전능하시다면 그 소원대로 할 수 있을 것이다. 그런데 지금 피조물들은 행복하지 않다. 그러므로 하나님은 선하지 않은 존재이거나 능력이 없는 존재, 또는 선하지도 않고 능력도 없는 존재일 것이다."[1]

책 전체가 이 문제를 해결하기 위한 긴 논증이다. 여기에 루이스가 어떤 사람들에게 고통이 문제가 된다고 보는지 드러나 있다. 사실 고통 자체는 누구나 안다. '인생은 고苦'라는 것이 불교의 근본 통찰이 아니던가. 루이스는 "실제로는 날마다 고통스러운 세상을 경험하고 있으면서도 '궁극적인 실재는 우리를 사랑하시는 의로운 존재'라는 믿을 만한 보증을 받았다고 생각하는 사람들", 즉 그리스도인들에게 고통이 문제가 된다고 본다. 그러니까 이 책은 고통이라는 주제를 축으로 기독교를 변증하고 있다.

그는 '전능하다', '선하다', '행복하다' 이 각 단어의 의미를 정의하는 데서 논의를 시작한다. 먼저 전능. '하나님의 전능'을 말도 안 되는 것 앞에다 '하나님'이라는 단어만 붙이고는 말이 되게 하라는 억지의 구실로 삼으면 안 된다. 인간이 자유의지를 가진 존재로 살아가기 위해서는 세상에서 고통의 가능성을 피할 수 없다는 것이 루이스의 논리다. 고통은 자연 질서 및 자유 의지와 맞물려 있기에 거기서 고통만 빼내는 것은 불가능하다.

다음으로 하나님의 선함. 루이스는 흔히 이것이 '친절'로 이해된다고 말한다. 그리고 우리 마음에 드는 하나님은 "너만 만족한다면 무슨 문제가 되겠느냐?"라고 말해 주는 하나님 아니겠느냐고 한다. 그러나 사랑은 분명 단순한 친절을 넘어선다. "우리는 별 관심 없는 사람들에 대해서는 그들이 무조건 행복하기만을 바랍니다. 그러나 우리의 친구와 연인과 자녀들에 대해서는 엄격한 태도를 보이며, 그들이 다른 사람들과 불화를 일으키는 비열한 방식으로 행복해지느니 차라리 고통받는 편을 바랍니다."[2]

그리고 루이스는 하나님과 우리의 유일무이한 관계를 설명하기 위해 몇 가지 유비를 제시한다. 그리고 사랑의 하나님에 대한 논의를 이렇게 정리한다. "소멸하는 불로서, 세상을 창조해 낸 사랑으로서, 작품을 향한 화가의 사랑처럼 집요하고 개를 향한 인간의 사랑처럼 전제적專制的이며 자식을 향한 아버지의 사랑처럼 신중하고 숭고하며 남녀의 사랑처럼 질투할 뿐 아니라 꺾일 줄 모르는 철두철미한 사랑으로 여기 계십니다."[3]

행복은 어떤가? "지금 여기에서 우리가 '행복'이라고 부르는 것은 하나님이 계획하신 주된 목적지가 아닙니다. 우리는 하나님이 아무 거리낌 없이 사랑하실 수 있는 존재가 될 때 비로소 진정으로 행복해질 것입니다."[4] "완전히 사랑스러운 존재가 되

195

기 위해 바뀔 필요가 있"기 때문에, 그 바뀌는 과정에서 따라오는 고통은 불가피하다.

그런데 인간이 왜 그렇게 많이 바뀌어야 하는 것일까? 루이스는 옛날 사람들은 당연한 것으로 받아들였던, 그러나 이제는 대부분 거부하는 죄의 옛 의미를 회복시키는 작업에 나선다. 내가 뭘 그렇게 잘못했다는 건가, 묻는 사람에게 겉모습에 속지 말고 자신을 직시하자고 한다. "사람들 앞에서 가장 경솔한 행동을 하고 저급한 말을 했을 때조차 사실 자기 내면에는 그 행동과 말보다도 훨씬 못한 것이 들어 있다는 사실을 본인만큼은 알고 있습니다."[5] 그리고 그 사실을 보여 주는 몇 가지 고찰을 제시한다.

다음 장에서는 인간이 어쩌다 그렇게 악하게 되었는지, 인간의 타락을 설명한다. 그 핵심은 "제 영혼을 제 것으로 삼는" 것, 하나님께 "여기는 당신 소관이 아니라 제 소관입니다"라고 말할 수 있는 곳을 우주 안에서 얻기를 바란 것이다. "인간은 하나의 종種으로서 스스로 부패했으며, 따라서 지금 이런 상태에 있는 우리에게 선이란 본질적으로 우리를 치료하며 바로잡아 주는 선을 의미한다."[6]

고통의 역할

이어서 루이스는 이처럼 우리를 치료하고 바로잡아 주는 부분에서 고통이 감당하는 역할을 설명한다. 피조물에게 합당한 선은 자신을 창조자에게 양도하는 것. 그때 비로소 선해지고 행복해진다. 이것을 위해 고통은 세 가지 역할을 감당한다.

1. 만사가 잘 돌아가고 있다는 환상을 깨뜨린다. "고통은 개심할 수 있는 유일한 기회를 악인에게 제공합니다. 고통은 베일을 벗깁니다. 고통은 반항하는 영혼의 요새 안에 진실의 깃발을 꽂습니다."[7] 이 책의 가장 유명한 구절은 이 논의 가운데 등장한다. "하나님은 쾌락 속에서 우리에게 속삭이시고, 양심 속에서 말씀하시며, 고통 속에서 소리치십니다. 고통은 귀먹은 세상을 불러 깨우는 하나님의 메가폰입니다."[8] 고통 앞에서 누구도 '아무 문제없어', '괜찮아'라고 말할 수 없다.

2. "지금 우리가 가진 것은 좋은 것이건 나쁜 것이건 전부 우리 것이며 그 이상은 필요하지 않다"는 환상을 깨뜨린다. 스스로 자족할 수 있으니 하나님은 훼방꾼에 불과하다는 착각을 깨뜨리는 것이다. 루이스의 고통 논의는 이와 같이 철저히 하나님 중심으로 이루어진다.

그의 논증은 이렇게 펼쳐진다. 우리를 만드신 하나님이 우리의 본질을 아시며, 우리의 행복이 바로 그분 안에 있음을 아신다. 그러나 우리는 다른 가능성이 단 하나만 보여도 그분 안에서 행복을 찾지 않는다. 하나님 없이 살 만하다 싶을 때는 자신의 삶을 하나님께 양도하지 않는다. 따라서 우리의 유익을 위해 하나님은 우리 삶을 좀 괴롭게 만들고 거짓 행복의 원천을 빼앗는 수밖에 없다. 그런데 하나님이 더없이 잔인해 보이는 이 자리야말로 그분의 겸손함과 낮아짐이 가장 잘 드러난 곳이다. 하다 하다 막다른 길에 부딪쳐, 정 갈 곳이 없어 찾아오는 이들도 받아 주시는 하나님의 겸손이 아니면 누가 그분께 나아갈 수 있겠는가. 그분의 겸손이 우리의 유일한 소망이다.

3. 극도의 시험 또는 고난은 순전한 자기 양도의 기회를 제공한다. "고통이 때로 피조물의 거짓된 자족감을 깨뜨려 준다면, 극도의 '시험' 내지 '희생'에서 나오는 고통은 피조물이 진짜 자기 것으로 삼아야 할 자족감—하늘이 주신 것이기에 곧 자기 것이라고 할 수 있는 힘—을 가르쳐 줍니다."[9] 그렇게 할 때 창조의 협력자 내지 살아 있는 도구가 된다. 그리스도께서 온전히 자신을 내어 드리심으로 구원을 이루셨을 뿐 아니라 모든 믿는 자의 본을 보이셨다. 아브라함의 시험과 그가 그 시험 앞에서 보여 준 믿음이 이후 모든 신자들의 본이 되는 이유도 여기에 있다.

이와 같이 루이스의 고통 논의는 철저히 하나님을 중심으로 하는 구원론적인 틀 안에서 펼쳐진다. 그것이 모든 고통을 다 설명해 주지는 않지만 그런 설명은 그의 목표도 아니었다. 그리고 무엇보다, 그는 이 책에서 "고통이 야기하는 지적인 문제를 해결"하고자 했다. 책이 때로 차갑고 딱딱하게 느껴지는 것은 그가 의도한 바라고 하겠다. 그러나 오랜 세월이 지나서 그는 또 다른 책을 써서 고통에 따라오는 체험적, 주관적 면을 다룬다. 이제 그 얘기를 좀 해보자.

헤아려 본 슬픔

루이스가 노년에 만나 사랑한 아내를 잃고 자신의 슬픔과 의문을 적어 내려간 책이《헤아려 본 슬픔》이다. 자신의 아픔을 쓴 글이기에 이 책에는 어떤 단서도 주저함도 망설임도 없다. 《고통의 문제》가 고통을 논리적으로 다룬 차가운 책이라면《헤아려 본 슬픔》은 실존적 고통을 다룬 뜨겁고 아픈 책이다.

이 짧은 책은 4부로 이루어져 있다. 책으로 출간하려고 쓴 게 아니라 완전히 무너지는 일이 없도록 "감정을 배출하는 출구"로서 적은 글이다. 크게 보면 1, 2부에서 쏟아 낸 의문, 생각, 느낌들을 3, 4부에서 추스르고 정리하고 되새기는 식으로 구성된다. 슬픔과 그리움을 토로하기도 하고, 자신이 믿어 온 것에 대한 회의를 쏟아 내기도 한다. 하나님에 대한 의문과 섭섭함, 냉소도 보인다. 그런데 격렬한 감정을 토로하는 와중에 크게 부각되는 두 가지 주제가 있다.

하나님이 부재한다는 느낌

그런데 하나님은 어디 계시는가? … 너무 행복해서 그분이
우리를 주장하시는 게 간섭으로 여겨지기조차 하는 그때,
우리가 스스로의 잘못을 깨닫고 그분께 감사와 찬양을
돌린다면 두 팔 벌려 환영 받을 것이다. 그러나 다른 모든
도움이 헛되고 절박하여 하나님께 다가가면 무엇을 얻는가?
면전에서 꽝 하고 닫히는 문, 안에서 빗장을 지르고 또 지르는

소리. 그러고 나서는, 침묵. 돌아서는 게 더 낫다. 오래
기다릴수록 침묵만 뼈저리게 느낄 뿐, 창문에는 불빛 한 점
없다. 빈집인지도 모른다. 누가 살고 있기나 했던가?[10]

이 대목을 근거로 루이스가 신앙을 잃어버렸다고 주장하는
사람도 있는데, 아무래도 지나친 주장이 아닐 수 없다. 그런 느
낌을 정직하게 쓸 수 있다는 것이 오히려 그의 건강함을 드러
내는 것이라고 봐야 하지 않을까? 그리고 3부에서 루이스는 슬
픔이 좀 잦아들자 아내가 선명하게 기억났다며, 아내를 잊어버
려서 슬픔에서 벗어난 것이 아니라, 오히려 "어느 정도 슬픔에
서 벗어났기 때문에 그녀를 잘 기억하는 것"이라고 말한다. "눈
물로 눈이 흐려져 있을 때는 어느 것도 똑똑히 보지 못한다." 그
리고 같은 논리를 하나님과의 관계에도 적용한다.

점차적으로 나는 문이 더 이상 빗장 걸려 닫혀 있다고 느끼지
않게 되었다. 문이 내 면전에서 쾅 하고 닫혀 버린 것은 정작 나
자신의 광적인 요구 때문이었던가? 영혼 속에 도와 달라는
외침 말고 아무것도 없을 때는 하나님도 도와주실 수 없는
때인지도 모른다. 마치 물에 빠진 사람처럼 닥치는 대로
붙잡고 거머쥐니 도와줄 수가 없는 것이다.[11]

나는 우리가 사실은 덫에 갇힌 쥐가 아닐까 싶어 더 두렵다.
아니, 더 나쁘게는 실험실의 쥐들인지도 모른다. 누군가
"하나님은 언제나 기하학적으로 행하신다"라고 했다. 사실은
"하나님은 언제나 생체 실험을 행하신다"이면 어쩔 텐가? …
하나님이 선한 분이라는 믿음은 우리의 절망적인 희망 사항일
뿐 그 밖에 무슨 근거가 있는가? 모든 명백한 증거는 그
정반대를 가리키고 있지 않은가? 그에 대한 반론을 펴기 위한
증거라도 우리에게 있단 말인가?[12]

덫에 갇힌 쥐. 실험실의 쥐. 끔찍한 이미지다. 이런 이미지에
대해 뭐라고 말할 수 있을까? 루이스는 반대되는 증거가 있느
냐고 묻고는 그리스도를 답으로 제시한다. 그러나 그의 논조는
대단히 시니컬하다.

그러나 그리스도께서 착각하신 것이라면? 그분의 마지막
말씀은 완전히 명료한 뜻을 가지고 있는 듯하다.
그리스도께서는 자신이 아버지라 부른 존재가 상상했던
바와는 끔찍하리만치 엄청난 차이가 있음을 깨달으셨다.
오랫동안 치밀하게 준비되었으며, 긴가민가하는 미끼가 놓인
덫이 마침내 튀어 올라 십자가에 그분을 매달았다.[13]

루이스는 여기서 그리스도조차 마지막 순간에는 버림받고 "나의 하나님 나의 하나님 어찌하여 나를 버리셨나이까?"라고 외치지 않았는가, 이렇게 말하고 있다. 더 나아가, 그리스도가 덫에 걸렸다며 덫에 갇힌 쥐 이미지와 연결시킨다. 하지만 이 대목은 루이스가 이 시기에 슬픔에 사로잡힌 나머지 생각이 얼마나 꽉 막혀 있는지, 혹은 왜곡되어 있는지 보여 주는 증거라고 봐야 할 것이다. 우리는 그 이야기가 어떻게 끝나는지 알지 않는가? 루이스는 3부에서 가학적 신에 대한 대목들이 논리적 의심이 아니라 욕설, 투정이라고 인정한다.

가학적인 신에 대한 생각들은 사상의 표현이라기보다는 증오의 표현에 가깝다. … 내가 하나님을 어떻게 생각하는지 하나님께 말하는 것은 그저 욕설일 뿐이었다. … 그러면 잠깐은 기분이 더 나아진다.
그러나 그 기분으로 증거를 삼을 수는 없는 일이다. 물론 고양이는 자기를 수술하는 사람을 향해 할 수만 있다면 울부짖고 침 뱉고 깨물려고 할 것이다. 그러나 진짜 문제는 그가 수의사인지 아니면 생체 실험을 하고 있는지에 관한 것이다. … 내가 겪은 괴로움을 생각해 보면, 하나님은 수의사 쪽이라고 믿을 수 있다.[14]

루이스는 여기서 다른 이미지를 제시한다. 수의사다. 고양이에게 수의사가 있다면 사람에게는 외과 의사가 있다. 그리고 이 대목에서 《고통의 문제》와 《헤아려 본 슬픔》은 너무나 분명하게 한목소리를 낸다.

> 하나님이 우리를 치유하고자 고통을 주신다는 사실을 믿으면 믿을수록, 자비를 구하는 일이 아무 소용없음을 더욱더 믿지 않을 수 없다. 잔인한 사람이라면 뇌물을 주어 빌어 볼 수라도 있다. 스스로 자신의 사악한 놀이에 지칠 수도 있다. … 그러나 우리가 맞대면하고 있는 이가 온전히 선한 의도를 가진 외과 의사라고 한다면 어쩔 것인가. 그가 다정하고 양심적인 사람일수록, 더욱 무자비하게 썩은 살을 잘라 낼 것이다. 그가 우리의 애걸복걸에 꺾이고 만다면, 수술이 끝나기도 전에 그만둬 버린다면, 그때까지 겪은 고통은 아무 소용없게 될 것이다.[15]

고통의 신비

이와 같이 루이스의 고통 논의는 철저히 하나님을 중심으로 하는 구원론적인 틀 안에서 펼쳐진다. 루이스는 《고통의 문제》를 통해 "고난으로 말미암아 온전케 하심'이라는 기독교의 옛 교리가 믿을 수 없는 이야기가 아니라는 점을 보여 드리고 싶"었다고 밝히고 있다. 다시 말하면, 그런 논의의 틀과 목적에 직접 관련된 고통만 다루고 설명한다는 뜻이요, 그 외의 부분은 그의 고통 논의에서 빈자리로 남는다는 뜻이다. 글을 마무리하며 그 부분에 대해 간략히 언급하기로 하자.

루이스는 《헤아려 본 슬픔》 뒷부분에서 선물이었던 아내와 선물을 주신 분인 하나님과의 관계를 정리한다. 그래서 선물에서 선물을 주신 분에게로 올라가야 한다고 말한다. 그러다 그런 순서의 문제가 제기하는 어려운 질문을 꺼내든다. "제가 당신을 너무 사랑하여 아내를 만나든 만나지 못하든 괘념치 않을 때에만 아내를 만날 수 있는 것입니까?" 그리고 이런 질문에는 아무런 답을 듣지 못한다고 말한다. 그런데 이 묵묵부답 앞에서 루이스는 책 앞부분에서 하나님의 부재를 호소할 때와는 다른 인상을 받는다.

> 잠긴 문이 아니다. 외려 조용하고 분명 동정적인 시선 같은 것.
> 마치 그분이 거절의 뜻으로 머리를 가로저으시는 게 아니라,
> 질문을 유예하시는 것 같은. '아들아, 잠잠하거라. 너는
> 이해하지 못한다' 하시는 것 같은.[16]

이 대목은 성경 욥기의 내용과 흡사하다. 욥기는 책 전체가 고통에 대한 이야기이고 시(詩)이며 토론이다. 그런데 욥기는 고통에 대해 많은 말을 하고, 고통이 죄의 결과요 잘못에 대한 징벌이라는 응보론적 설명을 단호히 거부하지만, 정작 고통의 의미와 원인을 알려 주지는 않는다. 뒷부분에서 하나님이 직접 나타나 몇 장에 걸쳐서 욥에게 말씀하시지만 그 내용은 한마디로 '나는 창조주요 하나님이다'라는 것이다. 넌 이해하지 못한다는 말씀이다. 고통의 많은 부분이 인간에게는 신비라는 말이겠다.

© 정인영

루이스 비문

C. S. 루이스의 묘비. 형 와니는 동생의 묘비에 "인간은 죽음을 견뎌야 한다"는 셰익스피어의 문구를 새겨 놓았다. 하지만 맥그래스가 지적한 대로, 루이스가 죽음을 대하는 자세는 이보다는 그가 죽기 몇 달 전에 쓴 이 편지에 더 잘 담겨 있다.

"[우리는] 땅속에서 인내하며 기다리는 씨앗과 같습니다. 정원사가 정한 때에 꽃으로 피어나기를, 진짜 세상으로 올라가기를, 깨어나기를 기다리는 씨앗 말입니다. 저는 그 세상에서 돌이켜 보면 현세의 삶이 비몽사몽처럼 보일 거라고 생각합니다. 지금 우리는 꿈나라에 사는 것이지요. 하지만 새벽이 다가오고 있습니다."-《루이스와 잭》에서 유진 피터슨은 그가 번역한《메시지》성경 욥기의 도입 글에서 '고난의 가장 큰 신비'를 소개한다. 그것은 이해할 수 없는 "고난에 처한 사람이 넘치는 경이감과 사랑과 찬양을 안고 하나님 앞에 나아가 그분을 예배하게 된다는 사실일 것이다. 고난이 매번 그런 결과를 낳지는 않지만, 그런 일은 생각보다 훨씬 많다."[17]《헤아려 본 슬픔》후반부와 마지막까지 그가 보여 준 삶의 궤적을 생각할 때 루이스도 그런 고난의 큰 신비를 보여 주는 사례라 할 수 있을 것 같다.

3부

루이스 저작을 활용한

독서 모임 가이드

전체적인 소감을 준비해 주십시오.

마음에 꽂힌 대목(논증, 문장, 비유)을 소개해 주십시오.

질문이 있으면 챙겨와 주십시오.

이해가 안 되는 부분도 좋고 관련된 다른 내용도 좋습니다.

1

《스크루테이프의 편지》*

고참 악마 스크루테이프가 신참 악마 웜우드에게 보내는 31통
의 편지로 이루어진 이 책은 1942년에 나왔지만 지금까지도 여
전히 신선하고 반짝거린다. 인간('환자')의 영혼을 타락시키고
하나님과 멀어지게 만드는 악마의 각종 지혜와 통찰이 깨알같
이 적혀 있다. 악마의 시각(그래서 그의 편지에서 하나님은 '원수'로,
사탄은 '지하에 계신 아버지'로 등장한다)에서 인간의 생각과 일상이
그 영혼의 영원한 운명을 놓고 치열한 전투가 벌어지는 곳임이
확연히 드러난다.

★ 일부 질문은 《고전》(홍성사)을 참고했다.

1. 스크루테이프는 웜우드의 환자 안에 어떤 태도를 만들어
   내려고 애씁니까?

2. 스크루테이프가 환자에게서 이끌어 내기 원하는 결정적인
   죄는 무엇입니까?

3. 스크루테이프는 웜우드의 어떤 보고들을 우려합니까? 그
   의 우려에는 어떤 공통점이 있습니까?

4. 스크루테이프는 거대한 문제들에는 오히려 무관심하고 일
   견 사소해 보이는 문제들에 몰두하는 것 같습니다. 루이스
   가 《스크루테이프의 편지》에서 그렇게 악을 묘사한 것을
   비판하는 이들도 있었다고 하더군요. 큰 문제들을 간과하
   고 사소한 문제들에 집중하게 만든다는 것인데, 어떻게 생
   각하시는지요?

5. 스크루테이프가 당혹스럽게 여기고 이해하지 못한다고 털
   어놓는 '원수'의 특성이 무엇인가요? 그것에 대해 한 말씀
   부탁합니다.

5-1. 스크루테이프를 애타게 만드는 "원수의 진짜 속셈what

209

he is really up to!"은 무엇일까요?

6. 천국의 보상에 맞서 지옥은 어떤 보상을 제시합니까?

7. 지옥의 철학, 지옥의 현실주의는 세상의 철학이나 현실주의와 달라 보이지 않습니다. 그것을 지옥의 철학이라고 부르는 것에 공감이 되십니까? 그것의 대안인 '사랑'에 대해서 어떻게 생각하십니까? 사랑이 실질적인 대안이 될까요?

8. 22번 편지에서 스크루테이프는 "원수는 쾌락주의자"라고 불평합니다. 그의 불평에 공감하십니까? 그렇게 느껴 본 적이 있습니까? 그것을 깨닫는 것이 어떤 변화를 가져다줄 수 있을까요?

9. 30번 편지에서 스크루테이프는 "세상의 실제 모습"이라는 말에서 실제(실재, real, reality)의 의미를 행복한 경험에서는 물질적 사실만 실재로, 그에 따라오는 기쁨과 영적 경험은 '주관적'인 것으로, 불행한 경험에서는 그에 따른 영적 경험을 '실재'로 생각하게 하라고 알려 주지요. 저는 한때 그런 식으로 생각하는 것을 현실적이고 냉철한 판단이라고 생각했고, 이 편지를 보고 큰 도움을 받았습니다. 혹시 그런 경험이 없으신지요.

10. 저는 31번 글만큼 죽음 이후의 생명, 새로운 삶에 대해 아름답게 그려 낸 글이 있을까 싶습니다. 적의 입장에서 보기, 뒤집어 보기, 거꾸로 말하기라는《스크루테이프의 편지》의 접근법이 더없이 빛을 발하는 대목이라고 생각합니다. 이렇게 거꾸로 바라볼 때 더 잘 보이는, 더 설득력 있게 들리는 것이 또 있을까요? (책에서 가져오셔도 됩니다.)

2

《순전한 기독교》*

루이스는 1941년 BBC 라디오의 기독교 소개 강연을 맡는다.
제2차 세계대전이 한창이던 그 무렵 루이스의 강연은 대단히
인기를 끌었고, 그는 전국적 유명 인사가 되었다. 〈옳고 그름:

★ 책을 처음부터 끝까지 다 읽어야 한다는 것은 편견일 수 있다. 정인영은
《순전한 기독교》를 100번 이상 읽고 독서 모임을 수십 번 인도한 경험을
바탕으로 "《순전한 기독교》를 어디서부터 읽으면 좋을까?"라는 질문을
아홉 가지로 세분하고 각 질문에 답을 제시한다. 몇 가지만 소개한다.
① 기독교에 대해 더 깊게 알고 싶은 기독교인: 4부, 3부를 읽고 1, 2부를
읽으세요. 자칫 1부가 걸림돌이 될 수 있습니다. ④ 논리적인 설명이라면
들어보겠다는 비기독교인: 1부부터 읽으세요. ⑥ 읽으려고 여러 번 시도
했으나 실패한 분: 1, 2부 뛰어넘고 3부부터 읽으세요. ⑧ 딱 한 장만 읽어
보고 싶다면: 4부 8장 "기독교는 쉬울까, 어려울까."
―정인영, 《C. S. 루이스 덕후의 순전한 기독교 가이드북》, 311쪽.

우주의 의미를 푸는 실마리〉,〈그리스도인은 무엇을 믿는가〉,
〈그리스도인의 행동〉, 이렇게 세 시리즈로 총 29회에 걸쳐 진
행된 라디오 원고가 각각 책으로 출간되었고, 이후 1952년에
하나로 묶어 펴낸 책이《순전한 기독교》다.

1. **1부 전체** 도덕법의 존재를 근거로 한 루이스의 1부 논증을
   어떻게 보십니까? 고개가 끄덕여지나요?

2. **2부 3장_ 충격적인 갈림길** 그리스도가 하나님의 아들, 미치광
   이, 악마 중 하나라는 루이스의 논증을 어떻게 생각하십니
   까? 설득력이 있나요? 그 설득력의 포인트는 어디에 있는
   것일까요?

3. **2부 4장_ 완전한 참회** 벌을 대신 받는 것이나 회개를 대신하
   는 것이나, 남이 그것을 대신한다는 면에서는 마찬가지일
   것 같은데(이를테면 이슬람에서 볼 때는 다 말이 안 될 것 같은데),
   루이스는 대속을 벌을 대신 받는 것보다 회개를 대신하는
   것으로 보는 것이 현대인에게 더 적절한 설명 방식이라고
   보는 것 같습니다. 회개를 대신하는 것보다 벌을 대신 받는
   것이 더 거부감을 주는 이유는 무엇일까요?

4. **3부 3장_ 사회도덕** 모두가 그리스도인이 되면 기독교적 사회

가 올까요? 우리가 숱하게 목격하는 사례들을 볼 때, 모두가 기독교인이 된다 해도 기독교적 사회는 오지 않을 것 같지 않습니까? 기독교인이 되는 것과 사회도덕은 어떤 관련이 있을까요?

5. **3부 4-5장_ 성도덕, 결혼** 이 부분이 흔히 《순전한 기독교》가 비판을 가장 많이 받는 대목이라고 합니다. 루이스가 제시한 결혼과 성도덕(이를테면 '남자가 집안의 머리' 부분)은 여전히 유효한 기독교적 입장일까요, 아니면 1950년대 보수적인 영국 백인 남성의 입장일까요? 혹시 그것이 혼재되어 있다면, 그것을 구분하는 기준이 있을까요?

6. **3부 9장_ 사랑** 사랑을 감정 상태로만 파악하면 '이웃을 사랑하라', '원수를 사랑하라'는 명령은 위선을 조장하는 심리적 고문이 될 수 있을 것 같습니다. 루이스가 제시하는 사랑에 대한 설명은 이 부분에서 적절한 곳에 에너지를 집중할 수 있게 해줄 수 있다고 생각하는데, 혹시 이 부분에 대해 더 하고 싶은 말씀이 있다면?

7. **3부 10장_ 소망** "이 세상을 위해 가장 많이 일한 사람들은 다음 세상을 가장 많이 생각한 이들"이라는 루이스의 말에 동의하시나요? 정말 그런 것 같나요? 그런 이들과 다음 세상을 생각한다며 현실을 도피해 버린 이들과의 차이점은 무

엇일까요?

8. **4부 2장_ 삼위이신 하나님** 기도 가운데 하나님의 생명 안으로 들어간다는 루이스의 설명은 삼위일체를 대하는 생각, 기도를 대하는 태도에 어떤 변화를 가져다줄 수 있을까요?

9. **4부 7장_ 가장假裝합시다** 가장하면 그리스도께서 그것을 현실로 바꾸신다는 말, 혹시 경험해 본 적 있나요? 혹시 우리 쪽에서 볼 때는 (겁이 나지만 겁이 안 나는 것처럼) 용기를 낸다, (의심과 의혹이 없지 않지만 마치 전심으로 믿는 것처럼) 믿음으로 행한다는 말이 이 진리라는 동전의 양면이 아닐까요?

10. **4부 8장_ 기독교는 쉬울까 어려울까?** "세금을 내고도 먹고 살 것이 남기를 바라는 시민처럼". 저는 이 부분이 마음에 많이 와 닿았던 적이 있습니다. 신자가 세상에서 가장 불행한 사람이 될 수도 있겠다 싶더군요. 늘 불행한, 욕구불만의 상태. 죄책감과 판단하는 마음 사이를 오가는 사람이 있다면, 그에게 해주고 싶은 말씀은?

11. **4부 9장_ 대가를 계산하라** 그리스도인이 된다는 것이 무엇인지 제대로 안다면, 루이스가 소개하는 대로 '절대적 온전함'이 목표이고 그리스도인이 겪는 모든 어려움이 그 목표로

가는 과정이라는 사실을 명심할 수 있다면 어려움을 대하는 태도가 상당히 달라질 수 있을 것 같은데 혹시 그런 경험을 해보셨나요?

※ 하나님은 때로는 너무나 큰 것을 끝없이 요구하시는 분 같다가도, 때로는 별것 아닌 것에도 너무 좋아하신다는 이중적인 느낌을 받았는데요. "하나님을 기쁘게 하기는 쉽지만 만족시키기는 어렵다." 이 말이 제게는 그런 혼란스러움을 정리해 주는 말이었습니다.

12. **4부 11장_ 새 사람** 루이스는 이 책을 다음의 초청으로 마무리합니다. "자기를 추구하면 미움, 외로움, 절망, 분노, 파멸, 쇠퇴만 보게 되고, 그리스도를 찾으면 그를 만나고 그와 함께 모든 것을 얻게 된다." 루이스의 초청을 어떻게 생각하나요? 여기 혹시 그 초청을 받아들인 분이 있다면, 그 초청은 '과장 광고'가 아니었나요? 어떤 면에서 그런가요? 아니라면 어떤 면에서 아닌가요?

13. **전체** 루이스의 논증과 비유는 대체로 아주 명료합니다만, 결정적인 부분에서는 오히려 비유만 계속 펼쳐지고 여전히 모호하다, 이런 느낌이 들 수 있을 것 같습니다(예: 그리스도를 찾으라, 그리스도께 맡기라). 논리를 뛰어넘는 부분, 상대가 경험해 보지 않은 일과 세계에 대한 설명은 상대와 공유할 수 있는 경험에 빗대어 이루어질 수밖에 없지요. 거기에 은유와 비유가 갖는 가치와 한계가 있을 텐데, 이런 맥락에서

자신에게 큰 도움이 되었던 루이스의 비유가 있다면 말씀해 주십시오. 그것을 고른 이유도 말씀해 주시면 더 좋겠지요.

3

《고통의 문제》

"하나님이 선하시다면 자신이 만든 피조물들에게 완벽한 행복을 주고 싶어 할 것이며, 하나님이 전능하시다면 그 소원대로 할 수 있을 것이다. 그런데 지금 피조물들은 행복하지 않다. 그러므로 하나님은 선하지 않은 존재이거나 능력이 없는 존재, 또는 선하지도 않고 능력도 없는 존재일 것이다." 이것이 고통의 문제다. 루이스는 '선하다', '전능하다', '행복하다'는 말의 뜻을 분석해 하나님은 전능하시고 선하시며 피조물의 고통에는 의미가 있다고 밝힌다. 고통을 매개로 기독교 신학의 고갱이를 소개하는 이 책은 천국의 찬란한 아름다움을 그려 내는 것으로 마무리된다.

1. **1장_ 서론** 누미노제의 경험. 혹시 그 비슷한 어떤 경험을 해 보셨는지요. 있다면 나누어 주실 수 있나요?

2. **3장_ 하나님의 선함** 루이스는 하나님의 사랑을 몇 가지 비유로 제시합니다. 어떤 유비가 가장 마음에 와 닿는지요. 혹시 다른 유비가 또 있을까요?

3. **4장_ 인간의 악함** 루이스는 시간이 흐른다고 해서 죄가 말소되지는 않는다고 지적합니다. 그런데 우리는 그런 느낌을 받는 것이 사실이고, 그렇게 함부로 자신의 범죄를 자랑하다 체포되는 사건들이 종종 뉴스에 나오지요. 왜 그런 생각을 하게 되는 걸까요?

4. **4장_ 인간의 악함** 옛날에는 인간이 신의 진노를 받아 마땅한 존재라는 인식이 있었다고 합니다. 그런데 지금은 하나님을 피고석에 세워 놓고 따지는 재판장 노릇을 하려 들지요 (루이스의 에세이 "피고석의 하나님"은 이런 문제의식을 다루고 있습니다). 혹시 누군가(혹은 자신이) 이렇게 하는 것을 본 적이 있는지요?

5. **5장_ 인간의 타락** 루이스는 타락을 모든 개인의 삶에서도 일어나는 것이라고도 설명합니다(114-115쪽). 인간이 하나님을

기울어진 경사면처럼 경험한다는 루이스의 설명에 대해 공감하시는지요? 그런데 어떤 때는 회개하고 신자가 되는 것이 전부인 것처럼 말하지만, 때로는 그것으로 달라진 게 무엇인가 싶을 때도 있는 게 사실입니다. 신자가 된 후에도 이런 경향이 그대로 남아 있는 것 같은 느낌은 어떻게 된 것일까요?

6. **6장_ 인간의 고통 I** 루이스는 인간의 고통에 크게 세 가지 기능이 있다고 제시합니다. 고통의 기능에 대한 그의 설명에 공감이 되나요? 그의 설명이 고통의 현실에 대한 설명으로 적절한 것일까요? 어떻게 생각하나요?

7. **7장_ 인간의 고통 II** 루이스는 시련, 고난에 대한 기독교의 역설이 있다고 지적합니다. 이 역설을 파악하지 못하면 시련, 고난을 미화하는 이상한 사람이 될 수 있겠지요. 혹시 이 부분에 대해서 하고 싶으신 말씀이 있나요?

8. **8장_ 지옥** 지옥에 대한 반론 중에서 가장 공감되는 반론은 무엇인가요? 그에 대한 루이스의 답변을 어떻게 생각하나요? 루이스가 반론에 답한 후 던지는 질문, "당신이 정말 하나님께 원하는 것이 무엇인가?"가 어쩌면 그의 가장 결정적인 대답인 것 같습니다. 우리가 정말 하나님께 원하는 것은 무엇일까요? 의견을 말씀해 주세요.

9. **10장_ 천국** 지상의 고난은 너무나 구체적인데, 보통 천국의 기쁨이라고 하면 막연하게 느껴지는 게 사실입니다. 루이스는 우리의 생애 전반에 배경처럼 깔리는 어떤 것에 대한 갈망, 동경이 천국의 암시라는 주장을 합니다. 그는 이 동경, 갈망이 고통의 경험 못지않게 구체적이고 실질적이라고 여기는 것 같습니다. 동의하나요?

9-1. 우리가 개별적인 존재로 창조된 이유에 대한 루이스의 두 가지 답변. 이것이 사실 루이스가 생각하는, 천국을 천국이게 하는 첫 번째 모습인 것 같습니다. 이 답변이 의미 있게 다가오나요?

9-2. 자기를 드림은 성자께서 영원히 하신 일이고 우리는 이 자기 드림에 동참하는 것이며, 이 체계 바깥에 있는 것이 지옥이다. 이런 자기 드림의 체계, 영원한 춤에 동참하라는 루이스의 초청이 위로와 소망이 되시는지. 이것을 좀 구체적인 경험이나 이미지로 소개할 수 있다면 부탁드립니다.

4

《기적》*

기독교가 옳음을 논증하는 전통적인 방식은 기적과 예언의 성

★ 《순전한 기독교》의 경우와 마찬가지로 《기적》도 독자에 따라 읽는 순서
를 달리 하거나 일부만 읽는 것이 나을 수 있다. 1-5장은 기적이 불가능하
다는 철학적 입장인 '자연주의'를 반박하는 내용이다. 6-12장에서는 기적
을 받아들이기 어렵게 만드는 심정적 거부감과 논리적 오해, 언어적 혼
란, 선입견 등을 하나씩 제거해 나간다. 13장은 이제까지의 논의를 바탕으
로 원칙적으로 기적이 가능하다고 할 때, 구체적인 기적 이야기의 진위를
어떤 척도로 판단할 것인지 살펴본다. 14장 '장엄한 기적'은 성육신 교리
를 다룬다. 15장은 그리스도의 기적 중에서 옛 창조에 속하는 기적, 16장
에서는 새 창조에 속하는 기적을 다룬다. 이런 책의 큰 구조에 의거하여
자신의 관심사에 따라 골라 읽으면 된다. 이를테면, 기적을 받아들이는
데 거부감이 없는 독자라면 13장까지의 논의가 불필요하고 장황하게 느
껴질 수 있다. 그런 사람은 14-16장으로 바로 넘어가도 된다.

222

취를 제시하는 것이었다. 그런데 '자연이 존재하는 전부'라는 자연주의의 입장을 받아들이면 기적이 '원천적으로' 설 자리가 없어진다. 그래서 기적을 다룬 이 책을 시작하면서 루이스는 기적의 문제가 자연주의와 초자연주의 중 어느 쪽을 받아들이는지에 따라 결론이 달라지는 철학의 문제라고 판단하고 자연주의에 대한 철학적 비판을 시도한다. 이어서 기적에 대한 심정적 거부감, 논리적 오해, 언어적 혼란, 선입견을 하나씩 제거해 나간다. 이러한 정지 작업 끝에 루이스가 정말로 전하고 싶었던 메시지가 준비되어 있다. 후반부에서 루이스가 펼치는 장엄한 기적(성육신)과 그리스도의 기적들에 대한 풍성한 설명을 듣다 보면 큰 배움과 기쁨을 맛보게 될 것이다.

1. (이 책에서 정의하는) 기적을 경험해 본 적이 있나요? 가까운 사람들 중에 그런 경험이 있나요? 혹시 나눠 주실 수 있는지요? 그 후에 뭔가 달라진 것이 있나요?

2. **제사題詞** 본문이 시작되기 전에 나와 있는 시 〈시간과 조류〉가 왜 거기 실려 있는지 한번 정리하고 넘어가겠습니다(8장의 내용과 연관).

3. **1장** 기적에 대한 판단은 무엇보다 철학적인 것이라는 루이스의 주장에 대해 어떻게 생각하나요?

4. **3장** 자연주의가 자기 반박적이다, 근본 난점이 있다는 루이스의 논증이 이해가 되나요? 동의는 되나요?

5. **8장** 기적은 자연법칙을 깨뜨리는 것이 아니라 일종의 간섭이라는 설명에 대하여. 기적과 자연법칙의 관계를 제대로 파악하지 못하면 어떤 문제가 생길까요?

6. **11장** "하나님을 말로 표현할 수 없는 것은 그분이 막연해서가 아니라, 모호할 수밖에 없는 인간의 언어로 표현하기에는 너무나 분명한 분이라" 그렇다는 루이스의 설명이 이해와 공감이 되나요? 혹시 그렇게 느껴 본 적이 있나요?

7. **13장** 루이스는 "하나님을 인정하고 몇몇 기적의 위험을 감수하면 압도적인 절대다수의 사건에 대해 안정감을 가질 수 있지만 자연을 절대화하면 자연의 한결같음조차 믿기 어려워진다며" 이것을 '거래'라고 하지요. 이것이 실제로 존재하는 거래일까요? 그렇다면 그런 안정감을 느끼고 살아가는지요?

8. **14장** 루이스가 성육신 교리가 밝혀 주는 지식과 현상이라고 소개한 것[즉, 인간의 복합체적 성질, 하강과 재상승(죽음과 재생), 선택, 대리] 중에서 특히 공감이 되는 것, 새롭게

배운 내용이 있다면 말씀해 주십시오.

9. **15장** 그리스도의 기적(옛 창조의 기적＋새 창조의 기적)에 대한 루이스의 설명을 처음 접했을 때 불이 켜지는 것 같았던 기억이 납니다. 이렇게 이해하는 것이 예수님의 기적을 이해하고 그 스타일을 파악하는 데 도움이 되는 것 같은데, 혹시 여기에 대해 더 하고 싶은 말씀이 있는지요?

10. **16장** 루이스는 천국이 '마음의 상태'가 아니라는 것과 몸의 부활을 대단히 강조합니다. 루이스가 그리는 새로운 자연, 몸과 영의 결합은 전혀 새로운 세상을 꿈꾸게 만드는데요. 그것이 지금 우리에게 어떤 의미가 있을까요?

10-1. 몸과 자연, 기쁨이 중요하지만 지금 우리에게 때로는 절제와 금욕이 필요한 이유에 대한 루이스의 설명, 기억하나요? 조랑말을 받은 아이와 같은 우리에게 나중에 날개 달린 말이 주어질 거라는데, 이렇게 바라보는 것이 지금 우리의 삶에 어떤 의미가 있을까요?

11. **17장** 기적은 역사상 중요한 시기에 일어나는 경향이 있다는 루이스의 말에 동의하십니까? 그럼 지금은 어떨까요? 그런 시기일까요? 기적이 지금도 일어나고 있을까요?

5

《개인 기도》*

루이스는 기도에 대한 실제적인 문제들을 다룬 책이 필요하다고 진작부터 생각했지만 자신은 그런 책을 쓸 자격이 없다고 여겼다. 그러나 어느 순간부터 그런 책을 써야겠다고 결심하게 되었고, 그의 구상은 마침내 말콤이라는 가상 인물에게 보내는 서간집 형태로 구체화되었다. 《개인 기도》는 그가 구상하여 낸 마지막 책이자 유작이기에 기도뿐 아니라 여러 주제에 대한 루이스의 원숙한 견해를 간결한 형태로 접할 수 있다.

★ 《개인 기도》 부록으로 나온 피터 새클의 〈토론 가이드북〉을 활용했다.

1. **편지 1** 교회 예배의 순서와 용어는 매주 같은 것이 좋다는 루이스의 견해에 동의합니까? 동의하지 않습니까? 그 이유는 무엇인가요?

2. **편지 4** 루이스는 기도가 무엇인지 분명하게 정의하지는 않습니다. 그러나 기도에 대한 가장 기초적인 묘사나 기도하는 이유에 대한 그의 설명을 보면, 기도는 하나님의 임재 앞에 나아가 머무는 일이라고 말하고 있습니다. 이것은 기도가 "베일 벗기"라는 루이스의 생각과 어떻게 연관되어 있을까요?

2-1. 청원기도와 중보기도를 드리기에 적절한 일들은 무엇일까요? 적절하지 않은 일들은 또 무엇일까요? 어떤 근거로 이 두 가지를 결정해야 할까요?

3. **편지 5** 루이스는 39쪽 다섯 번째 단락에서 "기도는 우리가 좋아하는 사회적, 정치적 만병통치약을 요구하는 시간이 아닐세"라고 말합니다. 이 말은 무슨 뜻일까요? 사람들이 그런 식으로 기도하는 것을 들어 본 적이 있나요?

4. **편지 7** 사람들이 청원기도를 반대하는 이유들을 들어 본 적이 있나요? 당신은 그들의 반대 이유에 어떻게 대답하겠습

227

니까?

5. **편지 8** 말콤과 베티처럼 자식(사랑하는 이)이 아픈 상황에서 느끼는 걱정은 믿음이 부족한 탓이 아니라 고통거리일 뿐이라는 루이스의 말에 동의합니까, 혹은 동의하지 않습니까? 그 이유는 무엇입니까? 그런 걱정을 어떻게 처리해야 할까요?

6. **편지 9** 루이스는 위에서 인용한 편지에서 "기도의 효력을 통계로 확립할 수는 없습니다"라고 했습니다. "기도의 효력"이라는 에세이에서 그는 어떤 실험 내용들에 관해 설명합니다. 한 팀의 사람들이 한 무리의 환자들을 위해서는 기도하고 다른 무리를 위해서는 기도하지 않으면서 3개월에서 1년을 보낸 후 기도의 효험을 평가합니다. 그런 연구는 바람직하거나 가치 있는 일일까요? 만약 그렇다면 어떤 가치가 있겠습니까? 그렇지 않다면, 무엇이 잘못된 것입니까? 이 질문은 기도의 본질과 '작동' 원리를 이해하는 데 어떤 관련이 있을까요?

7. **편지 10** 하나님이 기도를 '들으시는' 일이 '결과'를 얻는 것보다 더 중요하다는 루이스의 말에 동의하나요?

8. **편지 11** 루이스는 《기독교적 숙고》에 실린 에세이 "청원기도: 해답 없는 문제"에서 '믿음으로 구하면 구하는 대로 주신다는 약속'과 겟세마네 기도를 대비시키고 '지금 이 순간' 어떻게 기도해야 하는지 묻고 있습니다. 이 편지에서 루이스는 그 질문에 어떻게 답하고 있습니까? 그의 답변에 동의하나요?

9. **편지 12** 신비주의는 "관상觀想이나 영적 황홀경을 통해 통상적으로 이해할 수 없다고 믿어지는 진리에 대한 영적 직관을 체험하는 것, 또는 영혼이 하나님과 직접적이고 친밀한 연합을 체험하는 것"으로 정의됩니다. 신비주의 자체가 유일한 진짜 종교라는 생각에 대한 루이스의 답변을 어떻게 생각하나요?

9-1. 당신은 그런 체험을 한 적이 있습니까? 아는 사람 중에 그런 체험을 한 사람이 있나요? 그런 체험이 사람에게 미치는 영향이나 가치에 대해 말해 주세요.

10. **편지 13** "가장 완전한 상태의 기도는 독백 … 하나님이 하나님께 말씀하시는 것"(102-103쪽)이라는 루이스의 말의 의미는 무엇일까요? 이 말은 기도의 본질에 대해 무엇을 말해 주고 있습니까? 또 우리가 기도하는 방식에 어떤 영향을 끼칠까요?

10-1. "하나님은 왜 인간을 통해 스스로에게 말씀하셔야 하는가?"라는 질문에 루이스는 어떻게 대답합니까? 당신이라면 어떻게 대답하겠습니까?

11. **편지 15** 열다섯 번째 편지가 기도를 보다 온전히 이해하는데 도움이 되었나요? 어떤 면에서 도움이 되었는지 설명해 주세요.

12. **편지 17** '놀이'와 '춤'은 루이스가 말하는 천상의 상태(천국에서의 존재)를 특징 짓기에 적합한가요? 어떤 의미에서 그렇습니까? 이 편지의 마지막 문장, "천국의 주요 관심사는 기쁨이니까"를 설명해 보세요. 그 개념이 지금 이곳에서의 삶에 어떤 의미가 있습니까?

13. **편지 18** 루이스는 영혼의 건강을 위해서는 자신의 내적 부패를 끊임없이 상기해야 한다는 알렉산더 화이트의 확신을 소개합니다. 그 확신에 동의합니까, 혹은 동의하지 않습니까? 그 이유가 무엇인가요?

14. **편지 19** 루이스는 '마법'이 신앙생활에서 본질적인 요소이며, 그 비율이 결코 0으로 줄어들 수 없다고 말합니다. 그가 말하는 '마법'이 무엇인지 설명해 보세요. 그 용어를 사용하

는 것이 영적인 것을 이해하는 데 도움이 되나요? 또, 이것이 이번 편지 앞부분에 등장하는 성찬식 논의와는 어떤 관련이 있습니까?

15. **편지 20** 당신은 죽은 사람들을 위해 기도하나요? 그렇지 않다면 그 이유는 무엇인가요? 기도한다면 어떤 내용으로 기도하나요?

16. **편지 21** 루이스에 따르면, 그리스도께서 마태복음 22장 35-40절(막 12:28-31)에서 주신 두 가지 큰 계명―하나님을 사랑하고 이웃을 사랑하라―에는 역설이 담겨 있습니다. 그것은 무엇입니까? 루이스가 그 계명을 "네가 거듭나야 하겠다"로 바꿔 말한 것의 의미는 무엇인가요?

16-2. "완전하고 영원한 세계에서는 율법을 찾아볼 수 없을 걸세. 그러나 율법 아래서 신실하게 살았던 삶의 결과는 사라지지 않을 거야"(171쪽). 이 문장을 설명해 보고, 그 의미에 대해 토의해 보세요.

17. **편지 22** 자유주의 그리스도인에 대한 루이스의 분석과 비판에 대해 어떻게 생각하십니까? 자유주의 그리스도인에 대해 '한 달란트 받은 종'이라고 했는데, 보통은 보수주의

그리스도인에게 그렇게 말할 수 있을 거라고 생각하지 않을까요? 당신의 생각을 말씀해 주세요.

17-2. 루이스는 몸의 부활을 말하면서 기억과의 유비, 기억으로 과거가 아름다워지는 것을 기억의 윤색이라는 식으로 생각하지 않고 미래의 영광에 대한 전조로 제시합니다. 몸의 부활에 대한 루이스의 추측이 이해가 되나요? 공감이 되나요?

6

《시편 사색》

《시편 사색》은 변증서가 아니라 루이스가 기독교의 진리가 주는 양식을 먹고 누리는 기쁨을 나누는 책이다. 이 책에서 스스로 밝힌 대로, "인간은 늘 진리에 대해 변호만 하고 살 수는 없"으며 "진리를 양식으로 먹는 시간도 있어야" 하기 때문이다. 심판, 저주 등 시편에서 거부감이 드는 내용을 시작으로 찬양의 본질, 율법의 달콤함 등을 다루다가 마침내 시편의 두 번째 의미를 어떻게 받아들여야 하는지, 성경은 과연 어떤 책인지를 이야기한다. 루이스가 시편을 재료로 차린 만찬이 호화롭다.

1. **2장** 루이스는 유대인들의 심판에 대한 생각(민사재판의 원고)에서 그리스도인들이 배울 수 있는 교훈이 있다고 말합

니다. 인간적 기준에도 못 미치는 자신의 수준을 겸손하게 직시하는 것이 오늘날 한국 그리스도인들에게 필요한 일이라는 생각도 듭니다. 이에 대해 한 말씀 해주세요.

2. **3장** 의분을 못 느끼는 것은 수준 높은 경지에 이른 것이 아니라 그 수준에 못 미친 것이라고 하지요. 만약 자신이 그렇다는 것을 알게 된다면 어떻게 해야 할까요? 아닌데 그런 척 시늉을 할 수도 없고 거기 그대로 머물 수도 없다면 어떻게 해야 할까요? 어디서부터 시작해야 할까요?

2-1. 영적 세계에서도 "더 높은 곳일수록 더 위험한 곳"이라는 경고를 어떻게 생각하나요? "하나님의 부르심은 우리를 더 낮게 만들거나 훨씬 나쁘게 만든다"는 말도 섬뜩하지요. 이 말은 신앙의 세계에서 시간이 지나고 경험이 쌓이고 연륜이 쌓인다고 해서 안전하다고 할 수 없다는 말로도 들리는데요. 이 주제에 대해 나누고 싶은 말씀이 있다면 들려주세요.

3. **4장** 내세에 대한 믿음이 얼마든지 속된 것일 수 있다는 지적에 대해 어떻게 생각하나요? 천국과 지옥에 대한 믿음이 변질되지 않기 위해서는 어떻게 해야 할까요?

4. **5장** 아쉬울 때만 하나님을 찾게 되는 저 자신을 보면, 저에게는 '하나님을 향한 즐거움(욕구)'이 없다는 생각이 뼈저리게 듭니다. 시편이 이런 욕구를 기르는 데 도움이 될 수 있을까요? 혹시 이 부분에서 나눠 주실 말씀이 있다면 들려주세요.

5. **6장** "율법이 꿀보다 더 달다." "하나님의 계명이 참으로 신선하다." 이렇게 느껴 보신 적이 있는지요. 그런 경험을 나눠 주시면 감사하겠습니다.

6. **7장** "'질 나쁜' 사람들을 어떻게 대해야 하는가?"라는 루이스의 화두는 영원한 숙제일 것 같은데요. 가능하면 피하고, 피치 못하게 자리를 같이해야 한다면 그 자리에서도 잘못된 생각과 태도를 묵인하지 말고, 겁내지 말고 진리의 편을 대변하라고 하지요. 생각만 해도 부담스러운 일이 분명합니다. 혹시 이 부분에서 비슷한 경험이 있으신지요? 이에 대해 나눠 주실 생각과 경험이 있다면 부탁합니다.

7. **8장** "지나치게 일찍, 지나치게 쉽게 찾아온 계몽"이라는 표현을 보면서 공부하고 책 많이 보는 사람들이 빠질 수 있는 위험에 대한 경고로도 읽을 수 있겠다 싶습니다. 하지만 머리로 찾아온 계몽이 가슴과 손발까지 가는 데는 훨씬 오래 걸리고 힘이 들겠지요. 이 부분에서 괴리를 깨달았던 경험,

235

또는 그런 상황에서 나아가야 할 방향에 대해 말씀해 주십시오. ("최고층은 최하층 없이는 서 있을 수 없다"는 말이 여기서 도움이 될지도 모르겠습니다.)

8. **9장** 루이스는 찬양은 즐거움을 표현할 뿐 아니라 완성해 준다며 여러 사례를 제시합니다. 혹시 자신에게 딱 와닿는 사례가 있었나요? 자신의 경험으로 이야기해 주세요.

8-1. 하나님을 영화롭게 하는 것과 영원토록 즐거워하는 것이 같은 것이라는 루이스의 말에 동의가 되나요? 어떤 의미에서 그렇다고 생각하는지요?

8-2. 천국이 하나님을 끊임없이 찬양하는 곳이라는 말을 들으면 한숨이 나오나요, 가슴이 벅차오르나요? 찬양에 대한 루이스의 설명과 존 던의 "우리는 악기 조율 중"이라는 비유가 이 부분에서 도움이 되나요?

9. **10장** 두 번째 의미에 대한 루이스의 설명은 이 책의 백미라고 생각합니다. "그 시인들에게 그들의 생각 이상의 생각들이 주어졌다." 이 부분에서 나누고 싶은 말씀이 있나요? 그런 경험을 해본 적이 있나요?

10. **11장** 주님의 말씀, 바울의 편지, 구약성경의 특성에 대한 루이스의 주장은 상당히 설득력 있게 다가옵니다. 한마디로, '전인적 응답'을 끌어내기 위해서라지요. 루이스의 말대로라면, 성경을 그렇게 제대로 읽어 나가면 "새로운 시야와 기풍을 얻고, 새로운 공기를 호흡하며 주님의 형상이 세워지는" 결과가 나올 수 있다는 말이 되겠습니다. 이 말씀에 공감이 되나요? 그리고 루이스는 이런 것들을 어떻게 알게 되었을까요? 경험이었을까요, 누군가로부터 배운 것일까요?

11. **12장** 시편의 두 번째 의미들 중에서 자신에게 가장 와닿는 내용이 있다면 말씀해 주십시오.

7

《네 가지 사랑》

이 책에서 루이스는 인간의 사랑이 가진 영광을 아름답고 찬란하게 그려 내는 동시에 그 실패를 예리하게 짚어 내어 인간의 사랑은 홀로 설 수 없는 것임을 보여 준다. 부모의 사랑처럼 친근하고 자격을 요구하지 않는 애정도, 본능과 무관하고 같은 대상을 바라보며 영적 사랑에 가장 가까운 우정도, 어떤 계산도 하지 않고 자신을 내던지게 만드는 에로스도 하나님의 사랑인 자비의 도움이 필요하다. 인간의 사랑이 가진 아름다움에 전율하고 그 왜곡된 모습에 치를 떨다가도 하나님의 사랑이 인간에게 어떤 사랑을 가능케 하는지 설명을 듣노라면 가슴 벅찬 기대와 소망을 품게 된다.

1. **1장** 루이스는 하나님과 유사한 것과 하나님과 가까운 것은 다르다고 구분합니다. 이 구분은 이 책의 가장 중요한 구분 중 하나입니다. 사람에 따라, 혹은 그가 처한 자리에 따라 격려와 경고가 다 될 수 있을 것 같습니다. 이 구분을 절감했던 적이 있는지요? 또는 이 구분이 유효하게 다가오는 상황이 있을까요?

1-2. 루이스는 유사성이 동일성과 다르며, 하나님과 유사할수록 더 위험할 수 있다고 지적합니다. 이것에 대해 경험이나 느낀 바가 있다면 나눠 주세요.

1-3. 루이스는 인간의 사랑을 숭배해서도 안 되고, 깎아내려서도 안 된다고 하지요. 사람은 워낙 치우치기 쉬운 존재라 명심해야 할 것 같습니다. 어느 한쪽으로 치우쳐 본 적이 있나요? 어떻게 균형을 잡을 수 있을까요?

2. **2장** 나라 사랑의 몇 가지 얼굴 중에서 새롭게 배운 내용이나 명심할 만한 부분이 있나요?

3. **3장** 루이스는 가정생활에서 부모의 무례함을 지적합니다. 그리고 가정생활에는 고유의 예의가 있으며, 그 핵심은 자기 생각만 해서는 안 된다는 것이라고 합니다. 그리스도인

이라면 가정에서 부모 공경, 순종을 강조할 것 같지만 그것은 한 면에 불과하지요. 혹시 이 부분에 대해 하실 말씀이 있나요?

3-1. 피제트 부인의 이야기는 섬뜩하지요. 선물의 사랑은 자신이 불필요한 존재가 되는 것이 목표라는 말에 깊이 공감하게 됩니다. 이건 참 벗어나기 힘든 유혹이지요. 이런 유혹을 강하게 느껴 본 적이 있는지, 어떻게 극복했는지 말씀해 주세요.

4. **4장** 루이스가 말한 우정에 해당하는 친구는 그리 많을 것 같지 않습니다. 혹시 이런 친구가 있나요? 우정을 자랑해 주세요.

4-1. "뭐, 너도?"로 시작되는 우정은 덕의 학교일 수도 있지만 악덕의 학교도 될 수 있다고 합니다. 악한 자는 더 악하게, 선한 이는 더 선하게 만든다고 합니다. 공감이 되는지요? 이런 부분에서 경험이 있거나 하실 말씀이 있으신지요.

5. **5장** "에로스가 성행위를 정당화하지 않는다. 성행위는 느낌보다 명시적이고 명확한 척도로 정당성을 평가해야 한다"는 루이스의 말은, 요즘 많은 이들에게는 고루한 충고로

들릴 수도 있겠습니다. 하지만 그가 말하는 취지는 아주 분명하고, 여전히 유효한 것 같습니다만. 혹시 이 부분에 대해 하실 말씀이 있다면?

5-1. 에로스는 신성한 권위를 가진 것처럼 스스로를 우상화하지만 혼자 힘으로 유지될 수 없고 건전한 양식, 겸손과 자비와 은총, 그리스도인의 삶 전부가 필요하다고 합니다. 이러한 주장에 동의하나요? 그것을 실감했던 때가 있다면 이야기해 주세요.

6. **6장** 루이스는 안전한 사랑은 없다고, 사랑에 내재한 고통을 피하려고 애쓸 것이 아니라 받아들이고 하나님께 바침으로써 하나님께 가까이 가게 된다고 합니다. 이 말은 어떻게 다가오나요? 절망스럽게 다가오나요, 아니면 사랑의 모험을 해야겠다고 용기를 불어넣어 주나요?

6-1. 부모, 형제, 자매, 자기 목숨까지 미워해야 예수님의 제자가 될 수 있다는 말씀에 대한 루이스의 설명에 동의가 되나요? 루이스의 설명은 그 말씀을 이해하는 데 도움이 되었나요? 어떤 부분에서 그런가요?

6-2. "하나님은 일부러 기생물들을 창조하셔서는, 기생물인

우리가 하나님 자신을 '이용해 먹을 수 있게' 하시는 '숙주'이십니다. 여기에 사랑이 있습니다." 이 비유는 너무 멀리 간, 불경한 비유는 아닐까요? 아니면 하나님의 성품과 사랑, 창조의 핵심을 꿰뚫는 절묘한 비유일까요? 이 비유에 대해 어떻게 생각하는지요?

6-3. 루이스는 하나님이 자연적 선물의 사랑과 필요의 사랑에 더해 주시는 더 나은 선물들이 있다고 합니다. 이 중에서 특히 바라는 선물이 있나요? 거기에 어떤 이유나 사정이 있나요?

1) 하나님의 초자연적 선물의 사랑

① 하나님의 선물의 사랑에 동참하게 된다(사심 없이 대상 자체를 위해 가장 좋은 것을 바라게 됨).

② 하나님에 대해서도 선물의 사랑을 할 수 있게 된다(우리의 의지나 마음을 드림+어려움에 처한 이웃에게 먹을 것과 입을 것을 나눔).

2) 초자연적 필요의 사랑

① 하나님에 대한 초자연적 필요의 사랑. '유쾌한 거지'가 되어 하나님의 사랑을 어린아이처럼 즐겁게 받아들이게 된다.

② 이웃에 대한 초자연적 필요의 사랑. 자신의 부족함 그대로 받아 주는 사랑을 즐겁게, 수치심 없이 받아들일 수 있게 된다.

6-4. 모든 자연적 사랑의 행위는 자비(아가페)의 형식이 될 수 있다는 말은 큰 위로와 격려로 다가옵니다. 지금 여기 우리의 자리에서 자비를 베풀 수 있다는 것이니까요. 이 말을 들을 때 떠오르는 자연적 사랑의 행위가 있나요?

6-5. 천국에서 서로를 알아볼까, 지상에서 맺었던 사랑의 관계가 어떤 의미가 있을까? 이 질문에 대한 루이스의 대답은 정말이지 루이스답다는 생각이 듭니다. 이 대답이 도움이 됐는지요. 혹시 여기에 대해 하실 말씀이 있나요?

8

《인간 폐지》

루이스는 사람들이 본능적으로 다 아는 '옳고 그름의 법칙', 즉
도덕법(도덕률)의 존재와, 그 도덕법을 지키지 못하는 현실을
지적하며 기독교를 소개하는 출발점으로 삼는다. 루이스는 기
독교가 새로운 도덕을 세상에 내놓았다고 보지 않았고, 도덕을
알면서도 지키지 못해서 심판을 면할 수 없는 인간들에게 구원
의 길을 제시한다고 보았다. 그러니까 도덕법을 인정하지 않으
면 자신이 뭘 잘못한 줄도 모르기에 구원을 모색하지도 않을
것이다. 그런데 도덕법을 인정하지 않는 것은 기독교를 받아들
이지 않는다는 '종교적' 문제로만 그치지 않고, 인간을 인간답
게 만드는 핵심을 훼손하여 사회적으로도 치명적 결과를 낳는
다는 것이 문제다. 이 책에서 루이스는 객관적 도덕법을 '도道.
Tao'라고 부르며, 도를 인정하지 않으면 마침내 인간을 인간이

게 하는 것을 잃어버리게 된다고, 그로 인한 '인간 폐지'를 강력하게 경고한다.

1. 루이스는《녹색 책》을 말하는 대목에서 싸구려 광고에 휘둘리지 않는 두 가지 길, 즉 그 광고보다 수준이 높은 길이나 낮은 길을 이야기합니다. 나쁜 글이 주는 위험에서 벗어나 있는 두 종류의 사람도 말하지요. 그 위험을 넘어서 있는 사람과 거기에 못 미치는 사람.
① 제가 수준이 안 되어서 벗어난 위험이 얼마나 많을까 하는 생각이 들었고, 수준이 안 되어서 벗어난 위험을 제가 그보다 수준이 높아서 벗어났다고 착각하는 경우는 또 얼마나 많을까 생각했습니다. 혹시 이런 경험이 있는지요. 한 말씀 부탁합니다.
② 이 부분을 제대로 배우고 제대로 성장하지 않고 어설프게 배우는 '선무당'에게 닥칠 위험을 경고하는 말로도 읽을 수 있겠지요. 이 부분에 대해 하실 말씀 있나요?

2. "감수성이 지나쳐서 지도를 받아야 할 학생이 한 명이라면, 속되고 고약한 불감증에서 깨어날 필요가 있는 학생은 셋입니다. 현대의 교육자들이 해야 할 임무는 정글의 나무를 베는 게 아니라 사막에 물을 대는 것입니다. 잘못된 감정에 대비하는 최선의 방책은 올바른 감정을 심어 주는 것입니다."
① 학생들(혹은 자녀들)의 상태에 대한 루이스의 분석에 대해 어떻게 생각하십니까?

② 루이스가 말하는 현대 교육자의 임무에 대해 어떻게 생각하는지요? 과연 그러한지, 그런 사례가 있다면 혹시 말씀해 줄 수 있는지요.

3. 루이스는 도를 인정하는지 여부에 따라 새 교육(선전)과 옛 교육(전파)이 갈린다고 말합니다. 루이스의 이런 구분에 동의가 되는지요. 그런 차이를 경험한 적이 있나요?

4. 루이스가 말하는 가슴은 "훈련된 습관을 통해 안정된 정서로 조직화된 감정"입니다. 그는 '가슴'이 뇌(지성)와 장(본능)을 연결하는 필수적 연결선이며, 이것이 사람을 사람으로 만드는 중간 요소라고 하지요. 가슴이 인간을 인간으로 만든다는 말에 동의합니까? 그런 것을 실감한 적이 있으면 말씀해 주세요.

4-1. "가슴 없는 인간을 만들어 놓고 그들에게서 덕과 모험적 기상을 기대하고 있습니다. 명예를 비웃으면서도 배신자가 생기면 충격을 받습니다. 생식력을 거세해 놓고 다산을 기대하고 있습니다." 가슴 없는 인간을 만들어 놓고 거기서 나올 수 없는 것을 기대한다는 루이스의 말은 오늘날 한국의 상황에도 아프게 다가오는데, 여기에 대해서도 한 말씀 부탁합니다.

5. 루이스는 '도'(=도덕률[자연법]=전통적 도덕=실천이성의 제1원칙=가장 평범한 진리=모든 가치판단의 유일한 원천)가 내부에서부터 발전을 허용한다고 말합니다. 도 안에서 그런 발전이 이루어진 사례를 떠올려 볼 수 있을까요?

6. "증거가 제시되어야만 '도'의 가르침에 순종하겠다는 태도를 가져서도 안 됩니다. '도'를 실천하는 사람만이 '도'를 이해할 수 있습니다." 이 말이 공감이 되나요? 혹시 그런 경험을 해본 적이 있나요?

7. 인간의 자연 정복은 결국 다수 인간에 대한 소수 인간의 정복이라는 루이스의 주장은 섬뜩한데요. 지금 그런 일이 이루어지고 있을까요? 그렇다면 이것은 피할 수 없는 경향일까요? 어떻게 생각하나요?

8. 인간의 자연 정복은 결국 자연의 인간 정복으로 완성된다는 루이스의 논리에 수긍이 가십니까? 이것이 우리에게 어떤 의미가 있을까요? 지금도 유효한 분석일까요?

9. 루이스는 '조작자들'도 나쁜 사람이 아니라 아예 사람이 아니고(선악의 구분이 무의미한 존재라는 뜻에서), 그들의 지배를 받는 이들도 불행한 사람들이 아니라 아예 사람이 아니라

247

(제품이 되어 버렸다는 의미에서)고 말합니다. 그가 말하는 사람다운 사람은 어떤 존재일까요?

10. 루이스는 '마법사의 거래'라는 것을 소개합니다. (우리 영혼을 팔면 그 대가로 힘을 주겠다는 거래. 영혼을 포기하고 얻은 힘은 우리에게 속한 힘이 아님. 영혼을 줘 버린 그것의 노예와 꼭두각시.) 거의 모든 것이 마법사의 거래의 대상이 될 수 있을 것 같은데, 혹시 이런 거래에 대해 나누고 싶은 이야기가 있는지요 (이런 거래를 제안 받은 적이 있나요? 어떻게 하셨나요?).

11. 마법과 과학이 쌍둥이라는 말은 상당히 충격적입니다. 둘이 동일한 충동의 산물이라는 말도 그렇지요. 과학 만능 시대에 영혼을 어떻게 실재에 순응시키느냐를 말하고 지식, 자기 훈련, 덕을 설파하는 옛 지혜는 여전히 유효할까요?

12. "사물을 꿰뚫어 보는 일을 영원히 계속할 수는 없습니다. 무언가를 꿰뚫어 보는 목적은 그것을 통해 무언가를 보고자 하기 때문입니다. … 모든 것을 '꿰뚫어 본다'는 것은 결국 아무것도 전혀 보지 못한다는 말과 같습니다." '꿰뚫어 본다'는 루이스의 주요 테마 중 하나이지요. 어떤 문제에 대해 그런 느낌을 받아 본 적이 있는지요. 그것이 오히려 건전한 판단을 막았던 경험이 있나요? 어떤 문제에 대해 다 꿰뚫어 본 것처럼 생각하는 이들을 만나 본 적이 있는지요?

9

《천국과 지옥의 이혼》

지옥 언저리에 사는 주민들이 버스를 타고 천국의 언저리를 방문한다. 천국 언저리에 온 지옥 주민들은 그 강렬한 빛 아래서 자신들이 간신히 존재하는, 희미하고 미미한 유령임을 깨닫고 충격을 받는다. 생전에 그들을 알던 천국의 주민들('단단한 이들')이 각 유령을 맞으러 나온다. 단단한 이들은 유령들에게 생전의 욕심, 원망, 정욕, 인정 욕구, 자기주장을 내려놓고 천국의 초대를 받아들이라고 권한다. 유령들은 과연 천국의 초대에 응할 것인가.

1. 루이스는 천국과 지옥의 대조를 표현하고자 여러 이미지를 구사합니다. 특히 도움이 되었거나 마음에 와닿는 이미지

가 있다면 말씀해 주세요.

예) 빛 vs. 어둠 / 단단함 vs. 희미함 / 거대함 vs. 작음

2. 루이스의 천국 이미지 중에서 마음에 와닿았던 것이 있다면? 어떤 면에서 그런가요?

예) 기쁨(웃음) / 노래 / 단단함 / 자연의 이미지(나무, 강, 산) / 사자, 거인, 천사, 유니콘 같은 생물

3. **지옥의 모습** 회색 도시에서는 사람들이 점점 더 멀리 떨어져 살지요. 이것은 지옥 불이 뜨거운 지옥의 이미지와는 다른데요. 루이스는 이런 그림으로 무엇을 말하고 싶었던 것일까요?

4. **1-2장_더벅머리 시인** 유난히 억울한 일을 많이 당한 것 같은 그가 들려주는 인생 여정은 자기 인생을 정확히 담아낸 이야기일까요. 아니면 자신을 속이는 넋두리일까요? 왜 그렇게 생각하나요?

5. **4장_큰 유령** 사장이었던 이 유령이 말하는 '점잖음'이란 무엇인가요? 그는 왜 천국에 머물지 않겠다고 하나요? 줄곧 자신의 권리를 내세우는 그의 주장이 이해가 되나요?

5-1. 영(펜)은 그에게 어떤 해결책을 제시하나요? 그는 왜 그
     것을 받아들이지 못할까요?

6. **5장_ 주교 유령** 주교는 왜 배교하게 되었나요? 자유로운 정
신, 탐구의 중요성을 말하는 그의 주장은 설득력이 있지 않
나요? '생각의 죄'라는 것을 말하는 것은 독선과 아집, 다른
이들을 악마화하는 결과로 이어지지 않을까요?

6-1. 주교는 해답보다 질문이 중요하다고, 해답은 자기를 답
답하게 한다고 주장합니다. 영은 천국이 질문이 아니라 대
답이 있는 곳이라고 말하지요. 어느 쪽 입장이 더 마음에 끌
리나요? 왜 그렇게 생각하나요?

7. **2, 6장_ 중산모를 쓴 유령** 그는 천국의 사과를 지옥으로 가져가
려고 했지요? 그는 무엇을 기대했던 것일까요?

8. **7장_ 산전수전 다 겪은 유령** 다들 뭔가 꿍꿍이가 있고 다 똑같
은 놈들이 휘두르는 거라며 '다 꿰뚫어 본' 척하고 냉소하는
이 유형의 태도에 공감이 되나요? 혹시 이것이 현명한 태도
아닐까요? 아니면 그는 무엇을 두려워하고 있는 걸까요?

9. **8장_ 잘 차려입은 겁먹은 유령** 남의 시선에 연연하고, 남에게 어떻게 보일까만 생각하고, 그렇지 못하다는 생각이 들면 수치심에 사로잡혀 사는 것, 이런 것이 사람을 망하게 할 수 있을까요? 무서운 것(유니콘)을 등장시켜 자신에게서 시선을 돌리게 하는 것이 이런 사람을 위한 해결책이 될 수 있을까요?

10. **9장_ 불평하는 여인** 조지 맥도널드는 이 여인 유령이 끝없이 불평하다 나중에는 '불평만 남고 '자기 자신'은 없게 되었다고 합니다. 너무 지나친 평가 아닐까요? 과연 그럴 수 있을까요? 현실에서도 비슷한 모습을 볼 수 있을까요?

11. **9장_ 지옥을 천국에 들여오려는 유령** 천국에서 혁명을 선동하는 유령의 말이 재미있습니다. 그것이 가능할까요? 지옥이 천국을 뒤엎고 흔들어 놓을 수 있을까요? 왜 그렇게 생각하나요?

12. **9장_ 유명한 화가** 화가가 그림을 그리게 된 원래 동기였던 '빛에 대한 첫사랑'을 어떻게 잃어버리게 되었나요? 그것이 결국 자기 명성에만 집착하게 되는 결과를 낳는 과정에 공감이 되나요? 이것이 남의 일로 여겨지지 않는 분이 계시다면 한 말씀해 주세요.

12-1. 화가에게 영이 주는 해결책인 '그리는 것보다 보는 것이
먼저'라는 말에 대해 한 말씀 부탁합니다.

13. **10장_ 로버트의 아내** 이 유령이 로버트를 그렇게 자기 뜻대로
만들어 간 이유가 무엇일까요? 그녀는 자기가 원하는 것을
얻었을까요? 그녀는 그렇게 해서 행복했을까요?

14. **11장_ 팸(아이 엄마)** 이 유령 이야기는 어떤 인간의 사랑도 충
분하지 않다는 영의 지적과 함께 《네 가지 사랑》을 떠올리
게 합니다. 루이스도 그 유령 이야기를 가장 가슴 아프다고
말하고 있지요. 팸에 대해 하실 말씀이 있다면?

15. **11장_ 도마뱀과 함께 있는 유령** 정욕을 적당히 길들일 수 없고
죽여야 한다는 이미지가 잘 다가오나요? 이 비슷한 경험을
해본 적이 있거나 이 유령에 대해 더할 말씀이 있다면?

16. **12-13장_ 난쟁이 유령(프랭크)과 사라 스미스** 루이스는 난쟁이 프랭
크와 비극 배우의 관계를 통해 무엇을 보여 주려 한 걸까요?

16-1. 동정심을 끌어내어 자기 뜻대로 사람들을 조종하기 위
한 프랭크의 '연기'는 결국 그를 망하게 하는데요. 혹시 본

인의 경험에서 떠오르는 사건, 장면들이 있나요? 사람이 이렇게 망할 수도 있을까요?

17. '행동으로서의 동정'과 '열정으로서의 동정'에 대한 조지 맥도널드의 구분을 어떻게 생각하나요? 의미가 있는 구분일까요?

18. 세상에서의 유명함과 천국에서의 유명함이 별로 관계가 없을 수 있다는 것은 너무 분명한 사실인데도 잊어버리기 쉽지요. 혹시 주위에, 혹은 경험적으로 사라 스미스 같은 영적 거인을 만나 본 적이 있나요? 혹시 있다면 나눠 주세요.

19. **조지 맥도널드** "한 영혼이라도 멸망당하는 사람이 있다면 어떻게 구원 받은 사람들이 온전히 기뻐할 수 있겠느냐?"는 문제 제기에 대한 맥도널드의 답변(162-163쪽)을 어떻게 생각하십니까?

20. 조지 맥도널드의 조언 또는 답변 중에서 특히 기억에 남는 것이 있다면?

21. **전체** 어떤 유령이 가장 자신과 가깝게 느껴지는지요? 그 이

유는 무엇인가요?

22.《천국과 지옥의 이혼》에서 배운 교훈을 하나만 고른다면?

책별 줄거리 요약

《스크루테이프의 편지》

서문: 악마에 대한 두 가지 오류

1. **[논증]** 생각을 못 하게 하라. 참·거짓을 따지지 못하게 하고 전문용어, 선전을 구사하라.

2. **[교회]** 교인들의 모습에 대한 실망감을 이용하라. '무엇을 기대하는가?' 묻지 못하게 하라. '나 같은 사람이 신자라면 저 사람이라고' 하는 생각을 못 하게 하라.

3. **[어머니]** 내면에 집중하고 영혼을 위해 기도하되 기본적 의무에 소홀하게 하라. 자신의 행동은 액면 그대로, 상대의 행동은 의도적이고 악의적인 것으로 해석하게 하라.

4. **[기도]** 원수 자체에 집중하지 못하게 하고 자신의 심리 상태에 집중하게 하라.

5. **[전쟁]** 죽음, 고난이 오히려 영혼에 유익할 수 있음을 경계하라.

6. **[심리 상태]** 실제로 주어진 시련을 인내로 받지 못하게 하라. 의지에 이르러 습관이 된 미덕만 위험하다. 가까운 이웃에게는 악의를, 먼 미지의 사람들에게는 선의를 품게 하라.

7. **[입장]** 원수에 대한 극단적 헌신만 빼고, 극단적 경향은 부추기라. 현세의 일을 원수에게 순종할 기회로 삼지 못하게 하라. 세상을 목적으로, 믿음을 수단으로 삼게 하라.

8. **[기복起伏의 법칙]** 원수는 골짜기에 의존한다. 악마에게 인간은 식량, 원수는 아들로 삼고자 한다. 원수는 사랑을 호소할 뿐 강간은 못한다. 메마른 상태의 기도가 위험.

9. **[골짜기]** 쾌락은 원수의 발명품. 악마는 원수가 금지한 때, 금지한 방식과 수준으로 쾌락을 즐기도록 유도할 뿐이다.

10. **[내부패거리]** 자신이 가장하는 존재가 된다. 상대에 따라 달라지는 이중성을 부추기라.

11. **[웃음]** 웃음의 원인(기쁨. 재미. 농담. 경박함). 농담으로 매사를 넘어가게 만들라.

12. **[큰 죄]** 중요한 것은 원수에게서 환자를 떼어 놓는 것. 가장 안전한 지옥 길.

13. **[쾌락]** 정말 좋아하는 것을 허용하지 말라. '자아를 버리라'는 말의 의미. 행동의 중요성.

14. **[겸손]** 자신을 잊고 평가에 개의치 않고 할 일에 집중함. 하나님과 이웃에 관심 갖는 것.

15. **[현재]** 과거에 집중하게 하라. 현재와 영원을 멀리하게 하라. 할 수 있는 것을 하고 미래는 맡기고 지금 필요한 인내, 감사에 집중한다면 위험하다.

16. **[교회]** 교회를 찾아다니는 비평가를 만들라. 원수가 원하는, 교회에 대한 태도.

17. **[탐식]** 탐식은 양이 많든 적든 자기가 원하는 걸 먹겠다는 태도. 과식의 용도.

18. **[결혼]** '사랑에 빠졌다'만 결혼의 근거? 지옥의 철학. 사랑과 삼위일체. 한 몸=성관계.

19. **[사랑]** 사랑을 믿지도 이해하지도 못하는 악마. 사랑이 좋은지 나쁜지 판단하는 기준.

20. **[성적 취향]** 유혹이 영원히 계속되는 것은 아니다. 시대가 강요하는 거짓 성적 취향.

21. **[내 것]** 시간이 내 것이라는 착각. 내가 주인? 소유격에 대하여. 인

간에게 '내 것'은 없다.

22. **[연인]** 원수는 쾌락주의자. 인간에게 온종일 즐겁게 할 거리를 주었다. 음악과 침묵↔소음.

23. **[영성 부패 법]** 역사적 예수 비판. 기독교를 수단으로 취급하게 하라.

24. **[어울리는 무리]** 무리가 자기를 받아 준 것임을 모르게 하라. 무리에 대한 자부심의 실체.

25. **[변화]** 인간은 변화+불변이 다 있다. 악마의 질문↔원수의 질문. 원수는 상투적인 것을 좋아한다. 새것을 찾는 욕망을 부추겨야 하는 이유.

26. **[비이기주의]** 이기적이지 않으려고 상대를 괴롭힘↔상호 수용의 상태. 남녀의 차이.

27. **[기도]** 거짓 영성을 부추기라. 영적 기도를 한답시고 순종하는 기도를 외면하게 하라. 기도 응답을 못 믿게 하라. 기도 응답과 자유의지. 역사적 시각. '진실인가?'를 묻지 못하게 하라.

28. **[죽음]** 죽음이 최악, 생존이 최선인가? 중년의 유혹. 진정한 세속성은 시간의 작품.

29. **[비겁함]** 악마는 미덕을 못 만든다. 용기는 시험의 순간, 모든 미덕이 취하는 형태. 원수가 전쟁과 재난을 허용하는 이유. 비겁해지게 유혹하는 기술.

30. **[피로/실제]** 임의로 시한을 정하고 '적당한 기간 동안' 견디기로 다짐하게 하라. '실제(실재)'의 이중적 의미를 적절히 활용하라.

31. **[죽음]** 스크루테이프가 들려주는 죽음 이후 환자에게 닥치는 일.

★ 정인영,《C.S.루이스 덕후의 순전한 기독교 가이드북》의 요약을 허락 받고 가져왔다.

258

《순전한 기독교》*

1부. 옳고 그름, 우주의 의미를 푸는 실마리
[현재 인간이 처한 곤경은 무엇인가?]

1. 인간 본성의 법칙: 옳고 그름의 법칙이 있다.
2. 몇 가지 반론: 도덕법은 본능도 관습도 아니다.
3. 이 법칙의 실재성: 자연법칙은 하나의 표현법이지만 도덕법은 실재하는 힘이다.
4. 이 법칙의 배후에 있는 것: 우주 배후에 있는 존재는 도덕법을 통해 나타난다.
5. 우리의 불안에는 이유가 있다: 우리는 절대선(도덕법)과 함께 살 수도 따로 살 수도 없다. 이게 우리의 곤경이다.

2부. 그리스도인은 무엇을 믿는가?
[그 곤경에 대한 기독교의 답은 무엇인가?]

1. 하나님과 경쟁하는 개념들: 범신론이냐 기독교냐?
   - 도덕법을 통해 나타나는 절대 선은 어떤 존재인가? 선악의 구분이 없는 범신론의 신인가?
2. 하나님의 침공: 이원론이냐 기독교냐?
   - 아니면 절대 선은 선과 악이 대립하는 이원론의 신인가?
3. 충격적인 갈림길: 예수는 신이냐 미치광이냐 바보냐
   - 그 절대선이 기독교에서 말하는 선한 신이라면 세상이 왜 이리 망가졌는가? 그는 망가진 세상에서 무슨 일을 했는가?
4. 완전한 참회: 루이스식 대속 교리
   - 망가진 세상을 구하기 위해 선한 신이 인간이 되었다면 그게 어떻게 곤경(1부 5장)에서 우리를 구할 수 있는가?
5. 실제적인 결론: 생명이 전해지는 세 가지 통로
   - 인간을 곤경에서 구원할 새로운 생명은 어떻게 전해지는가?

3부. 그리스도인의 행동
   [당신 말대로 그리스도인이 되었다. 이제 어떻게 살아야 하는가?]

1. 도덕의 세 요소
   - 도덕을 논할 때는 세 가지 요소를 생각해야 한다. 항해에 비유
     하면 ① 배와 배의 관계 ② 배의 내부 ③ 배가 나아갈 방향. 이
     에 따라 기독교를 논하겠다(①:3, ②:5-8, ③:9-12).
3. 사회도덕: 첫 번째 요소에서 기독교 도덕은 특별하지 않다.
5. 성도덕: 성경의 말대로 나는 우리의 성욕에 문제가 있다고 생각
   한다.
6. 그리스도인의 결혼: 이혼을 금함. 남편은 머리. 어떻게 이해해야
   하는가?
7. 용서: 이웃을 내 몸과 같이 사랑하라는 말은 무슨 뜻인가?
8. 가장 큰 죄: 왜 교만이 가장 큰 죄인가?
9. 사랑: 사랑한다고 치고 행동하라.
10. 소망: 그리스도인이라면 마땅히 영원한 세계를 소망해야 한다.
11. 믿음(1): 아무리 노력해도 실패하는가? 그럼 이제 준비가 되었다.
12. 믿음(2): 기독교는 도덕으로 인도하지만 결국 도덕 너머로 우리
    를 이끈다.

〈곁가지〉
2. 기본 덕목: 예로부터 전해 온 주요 덕목
4. 도덕과 정신분석: 기독교 도덕과 정신분석은 어떻게 다른가?

4부. 인격을 넘어서, 또는 삼위일체를 이해하는 첫걸음
   [기독교에 대해 더 알고 싶다면]

〈삼위일체란: 1-4장〉
1. 만드는 것과 낳는 것: 만들어진 생명 바이오스와 낳은 생명 조에
   를 아십니까?

2. 삼위이신 하나님: 조에는 인격 이상의 존재, 삼위일체입니다.
3. 시간과 시간 너머: 시간에 대한 오해를 풀면 삼위일체를 더 쉽게 이해할 수 있다.
4. 좋은 전염: 삼위일체의 삼위는 어떤 관계인가?

〈삼위일체 하나님과 인간은 현재 어떤 관계인가?: 5-6장〉
5. 고집 센 장난감 병정들: 삼위일체 하나님을 거부하는 고집 센 인간들.
6. 두 가지 부연 설명: 삼위일체 이해를 위한 오해 두 가지를 제거합시다.

〈어떻게 하면 삼위일체 하나님과 하나가 될 수 있는가?〉
7. 가장假裝합시다: 하나님의 아들인 것처럼 가장합시다.

〈하나님의 아들로 가장함에 대한 오해풀기: 8-10장〉
8. 기독교는 쉬울까, 어려울까?: 쉬우면서 어렵다.
9. 대가를 계산하기: 대가가 크다. 꼭 계산해 보길.
10. 호감 주는 사람이냐, 새 사람이냐?: 새 사람이다.

〈삼위일체 하나님과 하나가 된 인간: 11장〉
11. 새 사람: 바이오스에서 조에로 들어 올려진 새 사람은 무엇이 다른가?

《고통의 문제》

1. 서론
   고통스러운 세상 속에서 궁극적 실재가 우리를 사랑하는 의로운 존재라고 믿는 이에게 고통이 문제가 된다.

2. 하나님의 전능
   - 고통의 문제를 정의함. 여기에 답하려면 선하다, 전능하다, 행복하다는 말의 의미를 밝혀야.
   - 불변하는 법칙과 인과적 필연성, 자연 질서 전체는 일상의 삶을 제한하는 한계이자 그런 삶을 가능하게 하는 유일한 조건. 자연 질서 및 자유의지와 맞물려 있는 고통을 배제할 수 없다.

3. 하나님의 선함
   친절을 뛰어넘는다. 상대가 만족하고 즐겁기만 하다고 좋을 수 없다.
   하나님의 사랑은 집요하고 전제적이며 신중하고 숭고하며 질투하고 꺾일 줄 모르는 사랑. 하나님이 거리낌 없이 사랑할 만한 존재가 될 때 진정 행복해질 테니, 고통과 연단은 필연적.

4. 인간의 악함
   인간이 큰 고통을 감수하며 바뀌어야 할 만큼 문제가 있는가?
   옛날엔 신의 진노를 받아 마땅하다는 인식이 있었다. 자신의 악함을 지각하면 하나님의 진노를 그분의 선함에서 오는 필연적 결과로 보게 된다. 인간의 악함을 인식하는 데 유용한 고찰.

5. 인간의 타락
   하나님이 선하게 만드신 인간이 자유의지를 오용, 끔찍한 피조물이 되었다.
   - 최초의 죄는 하나님께 지은 죄. 불순종. 의존적 존재가 제 힘으로 존재하려 한 결과.
   - 인간은 하나의 종種으로서 부패했고, 이런 우리에게 선은 치료하며 바로잡아 주는 선이다.

6. 인간의 고통 1: 왜 고통이 필요한가?
   피조물은 창조자에게 자신을 양도해야 선해지고 행복해진다. 이것을 위한 고통의 3가지 역할: 만사가 잘 돌아가고 있다는 환상 파괴. 지금 우리가 가진 것은 전부 우리 것이며 그 이상은 필요 없다는 환상 파괴. 극도의 시험이나 고난은 순전한 '자기 양도'의 기회 제공.

7. 인간의 고통 2: 고통에 대한 오해에 답함
고통 자체는 악이지만 나름의 효력이 있다. 시련이 구원의 필수 요소이니 시련이 끊이지 않을 것. 기독교의 자기 양도는 신학적인 것이지 정치적인 것 아님. 세상에는 확고한 행복, 안전이 없지만 즐거움은 많다. 고통의 총화는 없다. 고통만이 살균된 악.

8. 지옥
죄인이 끝내 반역을 회개하지 않을 수도 있다. 지옥에 대한 반론에 답함.
응보적 처벌로서 지옥은 부당하다? 일시적인 죄 때문에 영원한 저주를 받는 것은 형평에 맞지 않다? 지옥의 무서운 고통? 단 한 영혼이 지옥에 있다 해도 천국에서 행복하게 지내지 못하리라? 한 영혼이라도 잃어버리는 것은 전능자의 실패 아닌가?

9. 동물의 고통
인간의 고통에 대한 기독교적 설명을 동물의 고통에 확장할 수 없다.
– 동물의 고통의 기원은 무엇인가? 동물의 고통과 하나님의 정의는 어떻게 조화될 수 있는가?
– 인간을 하나님과의 관계에서 이해해야 하듯, 동물은 인간과의 관계에서 이해해야 한다.

10. 천국
지상의 고난과 천국의 기쁨을 같이 말해야 기독교적 답변이다.
– 천국이 하늘의 파이라서 창피한가? 천국이 미끼인가?
– 우리가 천국을 갈망하지 않는다? 우리가 정말 아끼는 것들의 공통점: 그것들을 통해 다가오는 그 무엇의 암시, 동경, 갈망, 달랠 길 없는 소원. 지옥은 평생 바라던 이것의 영원한 박탈.
– 우리가 개별적 존재로 창조된 이유. 각 영혼은 받은 것을 다른 모든 영혼에게 내주는 일을 할 것. 인간과 하나님의 연합은 인간의 끊임없는 자기 드림. 이것은 성자께서 늘 하시는 일.

- 자아는 드려지기 위해 존재하며, 그렇게 드려질수록 진정한 자아가 되고, 그 결과 더 드리게 되는 과정이 영원히 계속. 이 자기 드림의 체계 밖에 있는 것은 지옥뿐. 지옥은 자아 안에 갇히는 혹독한 감금 상태↔영원한 춤. 그 춤은 사랑 그 자신, 선 그 자신.

《기적》

1. 이 책의 범위
   기적이 일어나는지 여부는 철학적으로 판단할 문제. 이 책은 역사적 탐구를 위한 예비 단계.
2. 자연주의자와 초자연주의자: 양자택일
   - 자연주의가 옳다면 기적은 불가능. 초자연주의가 옳다면 기적은 가능. 양자택일해야.
3. 자연주의의 근본 난점: 이성적 사고의 초자연적 원천 1
   자연주의 자체가 추론에 의지. 가능한 모든 지식이 이성적 추론의 타당성에 달려 있음. 그 타당성이 부정되면 어떤 지식도 참일 수 없음.
4. 자연과 초자연: 이성적 사고의 초자연적 원천 2
   이성적 추론을 할 때는 자연 너머의 무언가가 작동하는 것. 자연은 이성적 사고를 낳는 일에 무력. 이성은 이성으로부터만 나온다. 인간의 사고는 하나님에 의해 불붙여진 사고. 인간의 이성은 자연 너머, 혹은 이면에 무언가가 있음을 알게 해주는, 자연 속에 난 작은 균열 부분.
5. 자연주의의 심층적 난점: 도덕적 판단의 초자연적 원천
   도덕적 판단은 자연주의에 대해 이성적 추론과 동일한 문제 제기. 당위의 표현은 어떤 행위의 본질에 대한 참된 말. 그렇지 않다면 모든 도덕적 판단은 화자의 느낌의 진술에 불과할 것. 도덕

264

적 판단을 계속하려면 사람의 양심은 자연의 산물이 아니라는 점을 믿어야.

6. 몇 가지 의심에 대한 답변: 초자연은 자명해야 하지 않나?

7. 오해: 옛날 사람들은 자연법칙을 몰라서 기적을 믿었는가?

8. 기적과 자연법칙: 자연법칙은 아무 사건도 만들어 내지 못함. 기적은 자연법칙을 깨뜨리는 것이 아니라 간섭.

9. 군더더기 이야기: 자연조차 누군가가 만든 '인공적인' 것이면 자연스러움은 어디 있는가?

10. '무서운 빨간약': 사고, 상상력, 언어의 관계를 보지 못할 때 생기는 생각의 혼란에 답함

11. 기독교와 '종교': 범신론의 하나님 vs. 기적을 행할 수 있는 하나님
    대중적 종교(범신론)가 기적을 배제하는 것은 아무 일도 안 하는 신을 믿어서다. 반면, 기독교의 하나님은 모든 구체적, 개체적 사물과 사건의 궁극적 원천이시다. 창안하시며 행동하시며 창조하신다. 그 하나님이 우리를 찾아왔다면 기적으로부터 안전할 길은 없다.

12. 기적의 적합성: 기적이 하나님의 격에 맞는가?

13. 개연성: 기적의 개연성 문제
    하나님을 인정하고 더불어 몇몇 기적의 위험을 받아들이면 압도적인 절대다수의 사건에 대해, 그 한결같음을 믿을 수 있다. 자연을 절대화하면 자연의 한결같음의 개연성도 믿을 수 없다.

14. 장엄한 기적: 성육신 교리는 우리가 가진 지식 전체를 조명하고 통합한다.
    그리스도인들이 주장하는 중심 기적은 성육신. 성육신 교리는 인간의 복합체적 성질. 하강과 재상승(죽음과 재생), 선택, 대리의 지식에 빛을 던져 준다.

15. 옛 창조의 기적: 큰 글자로 적으신 것을 작은 글자로
    기독교의 기적들은 자연을 침공한 세력이 낯선 세력이 아니라, 자연과 인간의 왕이심을 보여준다. 그리스도는 그분의 모든 기적

에서 하나님이 일반적으로 해 오셨고 앞으로 하실 일을 순식간에 한 장소에서 하신다. 각 기적은 하나님이 자연이라는 캔버스 전체에 우리 눈에 잘 안보일 만큼 큰 글자로 적어 놓으셨거나 적으실 무언가를 우리를 위해 작은 글자로 적어 주는 것.

16. 새 창조의 기적: 그리스도의 부활은 몸의 부활. 이것이 새 창조와 천국에 대해 알리는 것

기독교를 전파한다는 것은 본래 부활을 전파하는 것. 부활은 우주 역사상 유례없는 최초의 사건이자 첫 열매. 부활은 새로운 인간성, 새로운 자연이 창조되는 그림을 보여 줌.

몸의 부활은 천국이 영의 상태이자 몸의 상태, 자연의 상태라고 가르친다. 하나님은 밀과 기름과 포도주의 하나님. 유쾌한 창조자. 성육신 하신 분. 성례의 제정자. 이 세상에서 금욕, 절제가 필요한 것은 '지상의 몸을 다스리는 법을 배워 장차 영적 몸을 맡을 것'이기 때문.

17. 에필로그: 스스로 판단할 때

《개인 기도》

1. [공예배] 공예배는 하나님께 집중하는 데 방해되는 요소가 없고 친숙할수록 좋다.
2. [기성품 기도] 기도문 사용의 세 가지 유익. 하나님을 대할 때 친밀함과 외경심이 다 필요.
3. [기도 시간·장소] 기도의 시간과 장소에 대하여. 피곤하고 졸리기 전에 기도하라.
4. ['베일 벗기' 무엇을 구할까] 하나님은 우리를 늘 아시지만 기도로 우리는 진실을 드러낸다. 마음속에 있는 것, 작은 것, 못난 것도 구하라.
5. [주기도문에 붙는 장식] 뜻이 이루어지이다, 지금 내 손으로. 미래의

역경뿐 아니라 미래의 축복도 순종의 태도로 준비해야만 기대와
다른 축복을 알아볼 수 있다.

6. **[종교. 죄책감]** 삶의 한 영역이 된 종교의 위험. 가짜 죄책감↔진짜
죄책감. 진짜 죄책감 ≠ 막연한 죄의식. 해야 할 실제 의무에 집중
할 것. 당장 감당할 만큼의 자기 인식이면 충분.

7. **[청원기도에 대한 반론]** 청원기도는 수준 낮은 기도이므로 해서는 안
될까? 청원기도가 응답된다면 예측 불가능한 세상이 되지 않을까?

8. **[걱정. 인류의 공통적 고통]** 잘 감당하면 걱정도 그리스도의 수난에
동참하는 것이 된다. 고통을 겪기 전의 고뇌도 하나님의 뜻이자
인간의 운명. 수난 중에 그리스도가 겪으신 일은 인류 고통의 공
통요소를 보여 줌.

9. **[기도의 효력]** 기도가 효력이 있는가? 하나님이 우리의 기도를 듣
고 일하시는가?

10. **[하나님은 일반 법칙으로 일하시지 않는다]** 성경에서 이미지를 문자적으
로 해석하지 않되, 이미지의 취지를 신학적 추상개념보다 우선시
한다. 청원이 수락되는 것 못지않게 청원을 들으신다는 것이 중
요하다. 하나님께는 계획과 부산물의 구분이 없다.

11. **[믿음으로 기도하면]** 무엇이든 믿음으로 기도하면 그대로 된다?(막
11:24) 이 약속을 기독교를 가르치는 출발점으로 삼아서는 안 된
다. 이 약속에서 말하는 믿음은 언제 생기는가?

12. **[신비주의]** 신비주의가 유일한 참된 종교인가? 영적인 것에 대해
서도 탐욕스러운, '육적' 욕구가 있을 수 있다. 누군가에게 해줘
야 할 일을 기도로 때우려 해서는 안 된다.

13. **[기도는 독백]** 기도는 하나님이 하나님에게 말씀하시는 것. 창조주
와 피조물 사이의 의지의 연합은 기도가 있는 곳에서만 일어난
다. 왜 하나님이 인간을 통해 스스로에게 말씀하실까?

14. **[하나님의 여러 임재 방식]** 하나님이 각 피조물에 존재하시는 다양한
방식. 특별히 '거룩한' 장소, 물건, 날짜를 따로 두는 것의 이점과
위험. 어두운 요소를 배제하고 위로의 종교로만 존재하는 '물탄

267

기독교'에 대한 유감. 종교적으로 무의미한 천국과 지옥에 대한 믿음.

15. [실제의 내가 실제의 당신께 기도하게 하소서] 기도는 피조물적 상황에 대한 인식을 일깨우는 일이며, 그럴 때 내 상황에서 매 순간 하나님의 현현이 일어날 수 있다. 감정의 강렬함은 영적 깊이를 말해 주지 않는다.

16. [기도할 때 형상과 심상의 사용] 기도할 때 형상 사용의 문제. 기도할 때 어떤 심상이 적절한지의 문제. 청원기도의 문을 지나지 않고 더 높은 문으로 갈 수 없다.

17. [경배나 경외의 기도] 하나님이 주신 것으로 받을 수 없을 만큼 평범하고 진부한 즐거움은 없다. 작은 일에서 하나님을 경외하는 습관을 기르라. 단순한 순종의 행동이 중요한 경배.

18. [참회의 기도] 참회하고 용서를 받아들이는 데 도움이 되는 하나님 이미지가 필요하다. 참회를 단순한 감정 상태로 여겨선 곤란하다.

19. [성만찬] "이것은 내 몸이라. 이것은 내 피라" 하신 주님 말씀은 이해하기 어렵다. 화체설도, 기념설도 아쉽다. 주님의 명령은 "받아서 이해하라"가 아니라 "받아서 먹으라"였다.

20. [연옥] 죽은 자들을 위해 기도해도 되는가? 처벌의 장소가 아니라 정화의 장소인 연옥.

21. [기도의 귀찮음] 우리가 완전해질 때 기도는 의무가 아니라 기쁨이 될 것. 천국에는 당위, 의무가 없을 것. 율법은 사라지겠지만 율법 아래 신실한 삶의 결과는 남을 것.

22. [자유주의 그리스도인. 몸의 부활] 자유주의자 그리스도인이 내세를 부정한 이유는 "절대 반박할 수 없는 안전한 종교"를 원했기 때문이다. 몸의 부활＝감각의 부활. 죽은 감각을 미약하게나마 가끔 살려 내는 힘이 기억. 기억은 내세에 영혼이 행사할 힘의 전조. 물질이 우리 경험 안으로 들어오는 길은 지각되고 알려지는 것, 즉 영혼이 되는 것뿐이다. 천국에서는 영혼 안에서 변화된 이 물질, 즉 감각과 개념이 다시 살아나 영화롭게 될 것이다.

《시편 사색》

1. 들어가는 말: 시편은 시로 읽어야. 그 주요 특징은 평행법: '같은 것을 다른 식으로.'
2. 시편이 말하는 '심판'
   - 유대인은 민사재판의 원고(정의 호소)↔그리스도인은 형사재판의 피고(자비 호소)
   - 우리를 심판하는 하나님의 기준은 완전무결하지만 우리의 수준은 인간의 기준에도 미달.
   - 내가 옳다≠나는 의롭다. 정의에 대한 갈망≠복수에 대한 갈망.
3. 저주: 저주의 시편을 그리스도인이 활용하는 방법
   - 시편 기자들의 야만적 반응은 구약시대라 불가피?
   ① 원수를 사랑하라는 구약의 명령들 ② 도덕 세계의 보편 법칙 "더 높은 곳일수록 더 위험한 곳."
4. 시편이 말하는 죽음: 유대 민족에게 내세에 대한 가르침을 나중에 주신 이유
   - 유대교의 역사: 패배와 유수와 학살을 거치며 세상에서의 성공, 복 대신 본질을 추구하게 됨.
5. "여호와의 아름다움"
   - 시편의 가장 큰 가치: 다윗을 춤추게 만든 '하나님을 향한 즐거움'(하나님을 향한 욕구) 표현.
   - 하나님을 만나는 것과 종교 의식(예배)의 통일성이 깨어질 때 찾아오는 갈림길.
   - 시편에는 "온전히 하나님 중심적이며, 그 어떤 선물보다 하나님 자체를 더욱 갈망하는, 더할 나위 없이 즐겁고 의심할 여지 없이 진짜인 어떤 경험"이 나와 있다.
6. "꿀보다 더 단"(율법!)
   ① 학과 학문으로서 율법에서 느끼는 기쁨. ② 율법에 반영된 영적 질서의 아름다움을 인정.

7. 묵인: 권력 있고 부유하고 완고한 "질 나쁜 사람들을 어떻게 대해야 하는가?"

악한 사람들과의 교제를 피하는 것은 신중한 태도, '시험에 들지 않게 하옵소서'의 한 의미.

8. 자연: 시편 기자들의 자연관

① 농부들(주변 민족과 공통 요소). 자연 감상이 없음. ② 창조 신앙(유대인만의 특별한 요소)

- 아멘호텝 4세(아크나톤)의 유일신 신앙이 열매 맺지 못하고 주저앉은 두 가지 이유.

9. 찬양에 대한 한마디: 찬양을 요구하시는 하나님은 칭찬에 굶주린 존재인가?

찬양은 즐거움을 표현할 뿐 아니라 완성해 줌. 찬양은 모든 가치 있는 일에 대해 늘 하는 일.

- 하나님을 영화롭게 하고 영원토록 즐거워하는 것. 이 둘은 같은 것.

10. 두 번째 의미

- 그리스도인들이 시편과 구약 전체를 읽을 때 두 번째 의미, 숨겨진 의미를 읽는다. 성육신, 수난, 부활, 승천, 구속 등 기독교의 중심 진리와 관련된 알레고리적 의미가 있다고 본다.

- "처녀, 탄생, 새 시대"(베르길리우스의 시). 악하고 몰지각한 세상에서 의義가 처한 운명에 대한 서술(플라톤《공화국》). 이런 시인들에게는 그들의 생각 이상의 생각들이 주어졌다.

11. 성경: 성경이 두 번째 의미를 가질 수 있다고 기대할 수 있는 두 가지 근거

① 성경이 "인간적 차원 이상의 것을 전해 주는 매개물이 되도록 '들어 올려진' 문학"이라면 거기 담길 수 있는 의미를 제한할 수 없을 것. ② 주님이 그렇게 성경을 이해하셨다.

12. 시편에서 두 번째 의미들: 사례 분석

270

《네 가지 사랑》

1. 들어가는 말: 사랑은 신이 되기 시작하는 순간, 악마가 되기 시작한다.
   - 하나님과 가까움의 두 종류: 하나님과 유사함 / 하나님과 근접함.
   - 자연적 사랑은 최고의 상태일 때 신성神性을 주장한다. 유사할수록 위험할 수 있다.
2. 인간 이하의 것에 대한 애호와 사랑
   - 필요의 사랑 / 선물의 사랑 / 감상의 사랑
   - 비인격적 대상에 대한 두 가지 사랑: ① 자연 사랑 ② 나라 사랑.
3. 애정(스토르게): 부모가 자녀에게 갖는 애정이 온갖 대상까지 확대 애정은 친숙함, 수수함, 상대를 특별히 여기지 않음. 편안함. 애정은 우정, 에로스를 돕는다.
   - 으스대지 않고, 매력 없는 대상도 사랑하는 애정도 양면적. 애정은 기회일 뿐.
   - 필요의 사랑으로서의 애정이 왜곡되면: 자격 이상의 애정을 권리로 착각하고 요구하게 된다.
   - 선물의 사랑으로서의 애정의 왜곡되면: 상대를 '사랑으로' 끝없이 괴롭히게 된다.
   - 애정에 상식, 공평한 주고받기, 선량한 태도가 더해져야. 애정으로만 살려 하면 썩어 버린다.
4. 우정: 연인들은 서로를 바라보지만 친구들은 나란히 공동 관심사를 바라본다.
   - 우정이 시작됨을 알려 주는 표현: "뭐, 너도? 나만 그런 줄 알았는데."
   - 본능, 의무, 타인의 필요가 필요한 상태에서 자유로운 우정도 왜곡 가능. ① 친구 사이의 공통 비전, 취미가 선한 것이 아닐 수도. 우정은 선한 사람은 더 선하게. 악한 자는 더 악하게 만든다. ② 서로의 칭찬·비난에 민감, 외부인에 무심한 특성은 집단

적 우월감으로 발전할 수 있다.

- 우정은 서로의 아름다움을 알아보게 하고. 아름다움을 계시하고 창조하시는 하나님의 도구.

5. 에로스: 사랑에 빠진 상태
- 성(비너스)과 에로스는 같이 갈 수도 있고 아닐 수도 있다. 에로스가 성행위를 정당화하지는 않는다. 에로스 없는 성적 욕망은 그것 자체를 원하지만 에로스는 연인 자신을 원한다.
- 에로스는 "함께라면 어떤 고통도 견뎌 낼 수 있다"고 말한다. 에로스의 숭고한 면모가 위험하다. 완전한 헌신, 행복 무시, 이기심 초월은 악으로 돌진할 수 있다.
- 에로스의 진짜 위험은 에로스 자체를 우상화하는 것. 위대한 에로스가 한 일이라면 모두 정당하고 거룩한 일처럼 보이게 만든다. 사랑을 위해 부모도 아이도 배우자도 친구도 저버리게 한다. 영원한 세계로부터 오는 음성 같은 에로스지만 수명이 짧다. 에로스는 혼자 힘으로 에로스로 남을 수 없다. 도움을 받아야 한다.

6. 자비: '사랑'이라는 인간 활동과 사랑 자체이신 하나님 사랑의 관계
- 사랑한다는 것은 상처 받을 위험에 자신을 노출시키는 일. 사랑의 위험과 동요에서 피할 길은 지옥뿐. 사랑에 내재한 고통을 받아들이고 그분께 바침으로써 하나님께 가까이 다가가게 됨.
- 하나님과 지상 연인 중 누구를 '더 사랑하는가?' 이것은 감정의 강도를 비교하는 질문 아님.
- 하나님은 우리 안에 자연적 선물의 사랑과 필요의 사랑을 심어 주신다. 더 나아가
① 하나님의 (초자연적) 선물의 사랑에 동참할 수 있게 하신다.
② 초자연적 필요의 사랑을 누리게 하신다.
③ 하나님을 향한 초자연적 감상의 사랑을 일깨워 주신다.

《인간 폐지》

1. 가슴 없는 사람
   - 〈녹색 책〉의 암묵적 가르침: "사람이 사물을 보고 느끼는 감정은 사물 그 자체의 본질에 대한 설명이 아니라 그것을 보는 사람의 내면적 감정을 표현하는 것일 뿐이며 중요하지 않다." vs. "덕은 모든 대상이 그 가치와 정도에 합당하게 사랑 받는 애정의 질서 상태"(아우구스티누스). "교육은 마땅히 좋아해야 할 것을 좋아하고 싫어해야 할 것은 싫어하도록 가르치는 것"(아리스토텔레스).
   - 도道를 아는 이들(플라톤, 아리스토텔레스, 스토아학파, 기독교, 힌두교)의 공통적 주장: 객관적 가치가 존재한다, 즉 우주의 어떤 것에 대해서, 또 우리의 어떤 면에 대해서 어떤 태도는 진실로 참되지만 또 어떤 태도는 정말로 거짓된 것이다.
   - 지성은 훈련된 감정의 도움 없이는 동물적 유기 조직에 맞서기에 무력하다. 진리를 향한 지속적 헌신, 지적 명예에 대한 민감한 분별 등은 정서의 도움 없이 오래 유지될 수 없다.
   - 가슴[도량, 관대함(훈련된 습관을 통해 안정된 정서로 조직화된 감정)]은 뇌(지성)와 장(본능)을 연결하는 필수적 연결선이다. 이것이 사람을 사람으로 만드는 중간 요소.
   "가슴 없는 인간을 만들어 놓고 그들에게서 덕과 모험적 기상을 기대합니다. 명예를 비웃으면서도 배신자가 생기면 충격을 받습니다. 생식력을 거세해 놓고 다산을 기대합니다."
2. 도: 도덕률(자연법) = 전통적 도덕 = 실천이성 제1원칙 = 가치판단의 유일한 원천
   - 객관적 가치로서의 도를 거부한 채 사실에서 가치 체계의 기초를 발견할 수 없다. 직설법에서 명령법을 도출할 수 없다.
   - 본능을 가치판단의 근거로 삼을 수도 없다. 수많은 본능이 저마다 자기를 따르라는 상황에서 어느 본능을 따라야 한다는 기

준이 본능에서 나올 수 없기 때문.

- "혁신자가 '도'를 공격할 때 사용하고, '도'를 대신할 수 있다고 주장하는 모든 가치가 '도'에서 기인한 것"이다. "인간의 지성은 새로운 원색을 상상해 낼 수 없고 새로운 태양이나 하늘을 창조해 낼 수 없는 것과 마찬가지로, 새로운 가치를 창안해 낼 능력도 없다."

- "'도'를 수정할 수 있는 권위는 '도' 내부에서만 생겨날 수 있다." '도'나 다른 무언가를 비판할 근거가 '도' 바깥에는 존재하지 않는다.

- "증거가 제시되어야만 '도'의 가르침에 순종하겠다는 태도를 가져서도 안 됩니다. '도'를 실천하는 사람만이 '도'를 이해할 수 있습니다."

3. 인간 폐지

- 인간의 자연 정복? 자연에 대한 인간의 힘은 어떤 인간들이 자연을 도구 삼아 다른 인간들에게 행사하는 힘. 수백 명의 인간이 이루 헤아릴 수 없는 무수한 인간에게 행사하는 지배력.

- 인간이 갖는 모든 새로운 힘은 인간에 대해 행사하는 힘. 각 승리마다 인간은 개선장군이자 끌려가는 포로.

- 인간 자신이 원하는 대로 자신을 만들 수 있는 힘: 어떤 인간들 (조작자들)이 다른 인간들을 원하는 대로 만들어 낼 수 있는 힘. 조작자들은 '도'에 순종하지 않고 그것을 지배한다. 양심, 의무를 도구로 사용.

- 그들의 지배를 받는 이들은 불행한 사람 아님. 사람이 아니라 제품. '인간의 최종 정복은 결국 인간의 폐지'.

- 조작자들이 행동하는 유일한 동기는 쾌락. 강도가 높은 충동. '도'에 순종하지 않는다면, 충동(자연)에 순종하는 것뿐. 인간의 자연 정복은, 그 절정의 순간에 결국 자연의 인간 정복.

- 마법과 과학은 쌍둥이. 동일한 충동(어떻게 실제를 사람들의 욕망에 굴복시키느냐?)의 산물. 모든 일을 할 수 있게 인간의 힘을 확

274

장시키려 함.↔현인들의 지혜: 어떻게 영혼을 실재에 순응시
키느냐? 그래서 지식, 자기 훈련, 덕을 추구함.
4. 도의 실례

C. S. 루이스 (Clive Staples Lewis, 1898-1963) 연보
– 책에 소개된 사건과 저서들을 중심으로

1898	11월 29일 북아일랜드 벨파스트 출생.
1911	기독교 신앙을 잃음.
1914	확고한 무신론자가 됨.
1925	옥스퍼드 모들린 칼리지에서 영어영문학 개별지도 펠로우로 임명.
1929	유신론자가 됨.
1930	평생 살게 될 집 킬른스로 이사. 칼리지 채플에 참석 시작.
1931	기독교가 '참된 신화'임을 깨닫고 받아들임. 성만찬 참여 시작.
1933	《순례자의 귀향》출간. 잉클링즈 모임 시작.
1936	《사랑의 알레고리》출간. 찰스 윌리엄스의 작품을 알게 됨.
1938	《침묵의 행성 밖에서》출간.
1940	《고통의 문제》출간.
1941	《실낙원 서문》출간.
1941-1944	4시즌에 걸쳐 기독교를 소개하는 전시戰時 라디오 강연.
1942	《스크루테이프의 편지》출간.
1943	《인간 폐지》와《페렐란드라》출간.
1945	《그 가공할 힘》출간. 찰스 윌리엄스 사망.
1946	《천국과 지옥의 이혼》출간.
1947	《기적》출간.

276

1950	《사자와 마녀와 옷장》 출간.
1951	《캐스피언 왕자》 출간.
1952	전시 라디오 강연을 모아 《순전한 기독교》로 출간. 《새벽 출정호의 항해》 출간.
1953	조이 데이빗먼과 우정이 자라남.
1954	케임브리지 대학의 정교수로 옮김. 《16세기 영문학》 출간.
1955	자서전 《예기치 못한 기쁨》 출간.
1956	조이 데이빗먼과 혼인 신고. 《마지막 전투》 출간.
1957	조이의 병실에서 혼인예식을 올림.
1958	《시편 사색》 출간.
1959	조이의 암이 재발.
1960	《네 가지 사랑》 출간. 조이 사망.
1961	사별의 아픔을 다룬 《헤아려 본 슬픔》 출간.
1963	11월 22일 65번째 생일을 일주일 앞두고 사망.
1964	《폐기된 이미지》와 《개인 기도》 출간.
1966	《이야기에 관하여》 출간 (월터 후터 편집).

인용 도서

C. S. 루이스의 책들

《고통의 문제 The Problem of Pain》, 이종태 옮김, 홍성사.
《그 가공할 힘 That Hideous Strength: A Modern Fairy-Tale for Grown-Ups》, 공경희 옮김, 홍성사.
《개인 기도 Prayer: Letters to Malcolm》, 홍종락 옮김, 홍성사.
《기독교적 숙고 Christian Reflections》, 양혜원 옮김, 홍성사.
《기적 Miracles》, 이종태 옮김, 홍성사.
《네 가지 사랑 The Four Loves》, 이종태 옮김, 홍성사.
《당신의 벗, 루이스 Yours, Jack》, 홍종락 옮김, 홍성사.
《마지막 전투 The Last Battle》 햇살과나무꾼 옮김, 시공주니어.
《새벽출정호의 항해 The Voyage of the Dawn Treader》, 햇살과나무꾼 옮김, 시공주니어.
《세상의 마지막 밤 The World's Last Night and Other Essays》, 홍종락 옮김, 홍성사.
《순례자의 귀향 The Pilgrim's Regress》, 홍종락 옮김, 홍성사.
《순전한 기독교 Mere Christianity》, 장경철·이종태 옮김, 홍성사.
《스크루테이프의 편지 The Scewtape Letters》, 김선형 옮김, 홍성사.
《시편 사색 Reflections on the Psalms》, 이종태 옮김, 홍성사.
《영광의 무게 The Weight of Glory》, 홍종락 옮김, 홍성사.

《예기치 못한 기쁨 *Surprised by Joy*》, 강유나 옮김, 홍성사.
《오독: 문학 비평의 실험 *An Experiment in Criticism*》, 홍종락 옮김, 홍
　　성사.
《우리가 얼굴을 찾을 때까지 *Till We Have Faces*》, 강유나 옮김, 홍성사.
《이야기에 관하여 *On Stories: And Other Essays on Literature*》, 홍종락 옮
　　김, 홍성사.
《인간 폐지 *The Abolition of Man*》, 이종태 옮김, 홍성사.
《천국과 지옥의 이혼 *The Great Divorce*》, 김선형 옮김, 홍성사.
《침묵의 행성 밖에서 *Out of the Silent Planet*》, 공경희 옮김, 홍성사.
《폐기된 이미지 *The Discarded Image*》, 홍종락 옮김, 비아토르.
《페렐란드라 *Perelandra*》, 공경희 옮김, 홍성사.
《피고석의 하나님 *God in the Dock*》, 홍종락 옮김, 홍성사.
《현안: 시대 논평 *Present Concerns: Journalistic Essays*》, 홍종락 옮김, 홍
　　성사.
《헤아려 본 슬픔 *A Grief Observed*》, 강유나 옮김, 홍성사.

C. S. 루이스 관련 책들

《나니아 나라를 찾아서》, 홍종락·정영훈 지음, 홍성사.
《루이스와 잭 *Jack: A Life of C. S. Lewis*》, 조지 세이어 지음, 홍종락 옮
　　김, 홍성사.
《루이스와 톨킨 *Tolkien and C. S. Lewis*》, 콜린 듀리에즈 지음, 홍종락
　　옮김, 홍성사.
《오리지널 에필로그》, 홍종락 지음, 홍성사.
《C. S. 루이스 덕후의 순전한 기독교 가이드북》, 정인영 지음, 부크크.
《C. S. 루이스 *C. S. Lewis-A Life: Eccentric Genius, Reluctant Prophet*》, 알리
　　스터 맥그래스 지음, 홍종락 옮김, 복있는사람.
The Completion of C. S. Lewis (1945-1963): From War to Joy, Harry Lee

Poe, Wheaton, IL.: Crossway, 2022), Ch. 7, Kindle edition.

그 밖의 책들

《권력과 영광 *The Power and the Glory*》, 그레이엄 그린 지음, 김연수 옮김, 열린책들.

《그리스도인은 누구인가 *Sources of the Christian Self: A Cultural History of Christian Identity*》, 제임스 휴스턴·옌스 치머만 지음, 양혜원·홍종락 옮김, IVP.

《그리스도인의 제자훈련 *Christian Disciplines*》, 오스왈드 챔버스 지음, 스데반 황 옮김, 토기장이.

《김교신 거대한 뿌리》, 박찬규 엮음, 익두스.

《목요일의 남자 *The Man Who Was Thursday: A Nightmare*》, G. K. 체스터턴 지음, 유슬기 옮김, 이숲에올빼미.

《메시지 구약 시가서 *The Message: The Old Testament Wisdom Books*》, 유진 피터슨 지음, 이종태 외 옮김, 복있는사람.

《반지의 제왕 *The Lord of the Rings*》, 존 로널드 루엘 톨킨 지음, 김보원 외 옮김, arte(아르테).

《보바리 부인 *Madame Bovary*》, 귀스타브 플로베르 지음, 민희식 옮김, 문예출판사.

《불안 *Status Anxiety*》, 알랭 드 보통 지음, 정영목 옮김, 은행나무.

《순례자의 노래 *The Pilgrim's Song Book*》, 오스왈드 챔버스 지음, 스데반 황 옮김, 토기장이.

《죽음의 수용소에서 *Man's Search for Meaning*》, 빅터 프랭클 지음, 이시형 옮김, 청아출판사.

《아우구스티누스와 함께 떠나는 여정 *On the Road with Saint Augustine: A Real-World Spirituality for Restless Hearts*》, 제임스 K. A. 스미스 지음, 박세혁 옮김, 비아토르.

《아크투르스로의 여행*A Voyage to Arcturus*》, 데이빗 린지 지음, 고장
　　원 옮김, 부크크.
《우리들의 일그러진 영웅》, 이문열 지음, 알에이치코리아(RHK).
《G.K.체스터턴의 정통*Orthodoxy*》, G.K.체스터턴, 홍병룡 옮김, 아바
　　서원.
《한밤을 걷는 기도*A Companion in Crisis*》, 필립 얀시 지음, 홍종락 옮
　　김, 두란노.

1부

1. 친구를 보내고

1. 콜린 듀리에즈,《루이스와 톨킨》, 275쪽.
2. C. S. Lewis, *Poems*, p. 164.
3. C. S. 루이스,《세상의 마지막 밤》, 17쪽.

2. 예기치 못한 조이

1. 알리스터 맥그래스,《C. S. 루이스》, 426쪽.
2. 조지 세이어,《루이스와 잭》, 390-391쪽.
3. 알리스터 맥그래스,《C. S. 루이스》, 425쪽.
4. 알리스터 맥그래스,《C. S. 루이스》, 413쪽.
5. Harry Lee Poe, *The Completion of C. S. Lewis (1945-1963): From War to Joy*, p. 251.
6. 알리스터 맥그래스,《C. S. 루이스》, 428쪽.
7. 알리스터 맥그래스,《C. S. 루이스》, 424쪽.
8. Harry Lee Poe, *The Completion of C. S. Lewis*, p. 249.
9. Harry Lee Poe, *The Completion of C. S. Lewis*, p. 270.
10. 알리스터 맥그래스,《C. S. 루이스》, 428-429쪽.
11. Harry Lee Poe, *The Completion of C. S. Lewis*, p. 258.

12. 그리스의 죽음의 신.

13. C. S. 루이스, 《당신의 벗, 루이스》, 485쪽.

14. 알리스터 맥그래스, 《C. S. 루이스》, 420-423쪽.

15. C. S. 루이스, 《당신의 벗, 루이스》, 482쪽.

16. Harry Lee Poe, *The Completion of C. S.* p. 275

17. C. S. 루이스, 《당신의 벗, 루이스》, 485쪽.

18. Harry Lee Poe, *The Completion of C. S. Lewis*, p. 285.

19. C. S. 루이스, 《네 가지 사랑》, 207쪽.

20. C. S. 루이스, 《네 가지 사랑》, 208쪽.

21. 루이스의 시 "파편이 떨어져 내리는 지금"에 나오는 시구.

3. 하나님의 인정 vs. 사람의 인정

1. C. S. 루이스, 《영광의 무게》, 14쪽.

2. C. S. 루이스, 《영광의 무게》, 23-24쪽.

3. C. S. 루이스, 《영광의 무게》, 25쪽.

4. C. S. 루이스, 《영광의 무게》, 28-29쪽.

5. 제임스 K. A. 스미스, 《아우구스티누스와 함께 떠나는 여정》, 141쪽.

6. 제임스 K. A. 스미스, 《아우구스티누스와 함께 떠나는 여정》, 141쪽.

7. 제임스 K. A. 스미스, 《아우구스티누스와 함께 떠나는 여정》, 141-142쪽.

8. C. S. 루이스, 《네 가지 사랑》, 209쪽.

4. 악마의 딜레마

1. C. S. 루이스, 《스크루테이프의 편지》, 47쪽.

2. C. S. 루이스, 《스크루테이프의 편지》, 47-48쪽.

3. G. K. 체스터턴, 《목요일의 남자》, 142쪽.

5. 두려워하지 않도록 두려움을 주소서

1. 오스왈드 챔버스, 《순례자의 노래》, 111쪽.

2. 필립 얀시,《한밤을 걷는 기도》, 88쪽.

3. 오스왈드 챔버스,《그리스도인의 제자훈련》, 106쪽.

4. C. S. 루이스,《당신의 벗, 루이스》, 327-328쪽.

5. C. S. 루이스,《스크루테이프의 편지》, 169쪽.

6. C. S. 루이스,《스크루테이프의 편지》, 170쪽.

7. C. S. 루이스,《스크루테이프의 편지》, 171쪽.

8. C. S. 루이스,《스크루테이프의 편지》, 173-174쪽.

6. 기도의 두어 가지 문제

1. C. S. 루이스,《개인 기도》, 88쪽.

2. C. S. 루이스,《기적》, 356쪽.

3. C. S. 루이스,《순전한 기독교》, 253쪽.

7. 나를 말해 주는 이야기에 관하여

1. 그레이엄 그린,《권력과 영광》, 310-311쪽.

2. 그레이엄 그린,《권력과 영광》, 311-312쪽.

3. C. S. 루이스,《캐스피언 왕자》, 176쪽.

2부

1.《천국과 지옥의 이혼》_현세를 비춰 주는 내세 판타지

1. C. S. 루이스,《천국과 지옥의 이혼》, 34-35쪽.

2. C. S. 루이스,《천국과 지옥의 이혼》, 166쪽.

3. C. S. 루이스,《천국과 지옥의 이혼》, 95쪽.

4. C. S. 루이스,《기적》, 177쪽.

3.《순례자의 귀향》_갈망과 이성과 미덕의 삼 겹줄

1. C. S. 루이스,《순전한 기독교》, 213쪽.

2. C. S. 루이스,《순례자의 귀향》, 213쪽.

3. C. S. 루이스,《순례자의 귀향》, 210쪽.

4. C. S. 루이스,《순례자의 귀향》, 253쪽.

5. C. S. 루이스,《순례자의 귀향》, 233쪽.

4.《그 가공할 힘》_자기 마음을 지키는 싸움의 중요성

1. C. S. 루이스,《영광의 무게》, 152-153쪽.

2. C. S. 루이스,《그 가공할 힘》, 448쪽.

3. C. S. 루이스,《그 가공할 힘》, 466-467쪽

4. C. S. 루이스,《그 가공할 힘》, 520-521쪽.

5. C. S. 루이스,《그 가공할 힘》, 584-585쪽.

6. C. S. 루이스,《그 가공할 힘》, 586쪽.

7. 제임스 K. A. 스미스,《아우구스티누스와 함께 떠나는 여정》, 106
쪽.

5.《폐기된 이미지》_좋아하고 따라가다 이른 곳에서

1. C. S. 루이스,《피고석의 하나님》, 268쪽.

2. C. S. 루이스,《피고석의 하나님》, 269쪽.

6.《기적》_기적이란 무엇인가

1. C. S. 루이스,《기적》, 112쪽.

2. C. S. 루이스,《영광의 무게》, 138쪽.

3. C. S. 루이스,《기적》, 266쪽.

4. C. S. 루이스,《기적》, 269쪽.

5. C. S. 루이스,《기적》, 7쪽.

6. C. S. 루이스,《기적》, 115쪽.

7. 박찬규,《김교신 거대한 뿌리》, 119쪽.

7. 루이스, 고통을 말하다

1. C.S.루이스,《고통의 문제》, 39쪽.
2. C.S.루이스,《고통의 문제》, 60쪽.
3. C.S.루이스,《고통의 문제》, 69쪽.
4. C.S.루이스,《고통의 문제》, 71쪽.
5. C.S.루이스,《고통의 문제》, 89쪽.
6. C.S.루이스,《고통의 문제》, 131-132쪽.
7. C.S.루이스,《고통의 문제》, 144쪽.
8. C.S.루이스,《고통의 문제》, 141쪽.
9. C.S.루이스,《고통의 문제》, 154쪽.
10. C.S.루이스,《헤아려 본 슬픔》, 22쪽.
11. C.S.루이스,《헤아려 본 슬픔》, 71쪽.
12. C.S.루이스,《헤아려 본 슬픔》, 50-51쪽.
13. C.S.루이스,《헤아려 본 슬픔》, 51쪽.
14. C.S.루이스,《헤아려 본 슬픔》, 64-65쪽.
15. C.S.루이스,《헤아려 본 슬픔》, 68쪽.
16. C.S.루이스,《헤아려 본 슬픔》, 98쪽.
17. 유진 피터슨,《메시지 구약 시가서》, 53쪽.

C. S. 루이스의 인생 책방

홍종락 지음

2024년 7월 25일 초판 1쇄 발행

펴낸이 김도완
등록 제2021-000048호
　　　(2017년 2월 1일)
전화 02-929-1732
전자우편 viator@homoviator.co.kr

펴낸곳 비아토르
주소 서울시 종로구 삼일대로 428, 500-26호
　　　(우편번호 03140)
팩스 02-928-4229

편집 한수경
제작 제이오

디자인 김진성
인쇄 (주)민언프린팅

제본 다온바인텍

ISBN 979-11-94216-00-1 03230　　　**저작권자** ⓒ 비아토르, 2024